社会融资规模
与
宏观审慎管理

程铖 ◎ 著

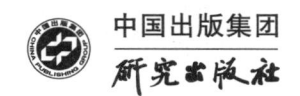

中国出版集团
研究出版社

图书在版编目（CIP）数据

社会融资规模与宏观审慎管理／程铖著.－－北京：研究出版社，2022.3
ISBN 978-7-5199-1220-8

Ⅰ.①社… Ⅱ.①程… Ⅲ.①融资－金融监管－研究－中国 Ⅳ.①F832.48

中国版本图书馆CIP数据核字(2022)第040339号

出品人：赵卜慧
出版统筹：张高里　丁　波
执行编辑：朱唯唯
责任编辑：寇颖丹

社会融资规模与宏观审慎管理
SHEHUI RONGZI GUIMO YU HONGGUAN SHENSHEN GUANLI

程铖　著

研究出版社 出版发行

（100006　北京市东城区灯市口大街100号华腾商务楼）
北京中科印刷有限公司　新华书店经销
2022年3月第1版　2022年3月第1次印刷
开本：880毫米×1230毫米　1/32　印张：8
字数：152千字
ISBN 978-7-5199-1220-8　定价：55.00元
电话（010）64217619　64217612（发行部）

版权所有·侵权必究
凡购买本社图书，如有印制质量问题，我社负责调换。

作 者 简 介

程铖，现就职于云南省宏观经济研究院（云南省产业研究院），博士，助理研究员，主要从事宏观金融、区域高质量发展战略和规划等方面的研究。基于在人行分支机构调查统计、货币信贷管理等部门的工作经历，在金融统计、绿色金融、转型金融等宏观金融方面有一定的研究基础。近两年，参与编制了云南省"十四五"规划和2035年远景目标纲要，云南省新型城镇化规划等，参与了"绿美云南"建设等云南省委政府部署的重大战略研究，在区域高质量发展战略和规划等方面也有了一定积累。目前，主持1项云南省社科基金青年项目《云南省金融服务实体经济效率评价及提升路径研究》，1项省（部）级课题《云南现代化建设指标体系研究》。

序 言

对次贷危机的深刻反思使得世界多国的金融监管部门认识到金融统计数据缺失的危害性和宏观审慎监管的重要性。作为我国宏观审慎监管框架构建的先行军，社会融资规模统计制度的建立既有效弥补了信用总量统计数据的缺失，也成为新时期支撑我国宏观调控的理论创新和实践创新。随着我国经济迈入高质量发展阶段，要求宏观调控政策更加精准有效，宏观审慎监管体系更加健全完善。对社会融资规模的信用创造机理和形成机制这一核心问题以及它带来的产出效应、风险等关键问题进行深入研究，更有利于揭示社会融资规模的作用规律，对于新时期提升宏观审慎监管能力、防范和化解金融风险有至关重要的作用。基于此，本书主要开展了如下研究：

首先是对社会融资规模的基本概念和统计属性进行阐释，并对货币供求、信用创造、宏观审慎管理等研究进行了回顾，提出在宏观审慎管理框架下对社会融资规模相关问题进行研究。其次是在形成机制方面，对社会融资规模存量、增量、结构以及形成原因进行分析得到了周期性和波动性特征；利用 DCC-GARCH 模型实证检验与货币供应、存贷款、利率等相关变量波动协同性后,发现社会融资规模与货币供应的协同性较复杂,与投资需求、价格因素等协同性较强。构建了加入统计缺口因素的社会融资规模信用创造模型,发现社会融资的信用创造效应与传统信贷明显不同,运行机制更复杂。再次,实证检验了社会融资规模对实际产出、目标产出和潜在产出的影响,结果表明:社会融资规模对实际产出的影响存在阈值和门限效应,表现为线性和非线性、高低机制转换;对目标产出和潜在产出也都有较稳定的冲击路径,正向冲击效应明显。最后,构建社会融资规模风险评价指标体系,因子分析和神经网络方法双模型论证表明:整体流动性因素、宏观经济的融资负担率因素和统计缺口因素等都是重要的影响因素,关注和监测这些指标对于防范社会融资规模带来的金融风险作用显著。

本书实现了三个方面的创新:一是研究视角创新。一方面,突破了从货币政策的角度观察社会融资规模,围绕"信息缺口""风险"这些宏观审慎管理目标,对社会融资规模的信用创造、产出效应和风险评价进行研究;另一方面,在产出效应分析中,创新性地从管理过程的计划目标、投入等环节对应的实际产出、目标产出和潜在产出三个层次实证分析了社会融资规模带来的产出效应。二是社会融资规模信用创造模型的创新。在传统信用创造模型的基础上,加入统计缺口因素,构建了反映社会融资规模信用创造机制的新模型。三是风险评价指标体系和方法创新。构建了包含整体流动性、融资负担率、偿债能力、统计缺口等七个指标的社会融资规模风险评价指标体系，双模型论证结果表明该指标体系评价效果较好。

综上，本书提出了在宏观审慎管理框架下，优化社会融资规模管理的相关建议。应从加快调整和完善社会融资规模统计口径、高效推进金融业综合统计实施、探索运用大数据的关联性监测方法、构建以社会融资规模为核心的宏观经济管理协调机制等方面加以改进。拓展社会融资规模的统计口径后，对其开展新一轮运行情况、协同性和信用创造研究可能会有新的发现。未来，在货币、财政"双政策"影响下，社会融资规模的形成机制、风险监测以及区域社会融资规模开展研究的空间也较大。

目录
CONTENT

第一章 绪 论 / 001

第一节 研究背景和意义 / 002
一、次贷危机引发了金融统计对信息缺口的关注 / 002
二、我国金融监管转向关注宏观审慎管理 / 003
三、我国宏观经济管理面临新挑战 / 005
四、研究意义 / 006

第二节 研究内容和方法 / 008
一、研究内容和结构安排 / 008
二、研究方法 / 011

第三节 创新之处 / 013

第二章 理论基础和相关研究回顾 / 015

第一节 社会融资规模概念和统计属性 / 017
一、概念形成、完善及评价 / 017
二、统计构成、编制原则及评价 / 022
三、统计指标的实践环境 / 031

第二节 社会融资规模形成的理论基础 / 034
一、货币供求理论与信用创造 / 035
二、货币政策传导的货币与信用观点 / 047
三、理论启示 / 053

第三节 社会融资规模相关研究回顾 / 058
一、金融监管当局对社会融资规模的相关研究 / 058
二、对社会融资规模是否可以成为货币政策传导目标的相关研究 / 060
三、关于社会融资规模与其他重要经济金融指标关系的相关研究 / 061
四、关于统计数据质量的相关研究 / 063
五、研究评述 / 066

第四节 宏观审慎管理相关研究回顾 / 068
一、宏观经济管理的相关研究 / 068
二、宏观审慎监管的相关研究 / 078
三、研究评述与理论启示 / 082

第三章 社会融资规模运行分析 / 085

第一节 社会融资规模存量的波动特征和原因分析 / 087

一、存量指标的形成过程 /087
二、存量趋势特征的形成和原因分析 /088
三、影响存量形成的因素 /098

第二节 社会融资规模增量的波动特征和原因分析 /105

一、增量指标的形成过程 /106
二、增量趋势特征的形成和原因分析 /108
三、影响增量形成的因素 /111

第三节 社会融资规模结构的波动特征和原因分析 /119

一、结构性指标的形成过程 /119
二、结构性趋势特征的形成和原因分析 /120
三、影响结构形成的因素 /124

第四节 波动的动态相关性分析 /128

一、DCC-GARCH 模型及变量选取 /128
二、社会融资规模存量与相关变量的动态相关性 /132
三、社会融资规模增量与相关变量的动态相关性 /139
四、主要结论 /145

第四章　社会融资规模的信用创造机制分析 / 147

第一节　社会融资规模的信用创造路径模拟 / 150
一、表内业务　　　　　　　　　　　　　　/ 150
二、直接融资　　　　　　　　　　　　　　/ 154
三、贷款核销　　　　　　　　　　　　　　/ 156
四、表外业务　　　　　　　　　　　　　　/ 157
五、其他融资　　　　　　　　　　　　　　/ 160

第二节　社会融资规模的信用创造机制 / 164
一、存在货币统计缺口的信用创造模型　　　/ 167
二、存在货币统计缺口和社融循环的信用创造模型 / 171
三、实证检验　　　　　　　　　　　　　　/ 173

第五章　社会融资规模的产出机制分析 / 177

第一节　社会融资规模与实际产出水平 / 179
一、STR 模型和变量选取　　　　　　　　　/ 179
二、变量检验和模型估计　　　　　　　　　/ 184
三、检验结论解释　　　　　　　　　　　　/ 192
四、对宏观经济管理的意义　　　　　　　　/ 193

第二节 社会融资规模与目标产出水平 / 197

一、目标产出的界定 / 197

二、社会融资规模对目标产出的影响路径 / 198

第三节 社会融资规模与潜在产出水平 / 200

一、潜在产出的含义 / 200

二、社会融资规模对潜在产出的影响路径 / 202

第六章 社会融资规模风险综合评价与监测 / 205

第一节 社会融资规模风险综合评价的模型选择 / 207

一、基本思路 / 207

二、因子分析模型 / 208

第二节 社会融资规模风险综合评价体系构建 / 209

一、指标体系构建 / 209

二、因子分析模型的检验和构建 / 211

第三节 社会融资规模风险综合评价 / 217

一、因子分析结果评价 / 217

二、人工神经网络的验证和评价 / 220

第四节 社会融资规模风险监测 / 223

第七章　宏观审慎框架下优化社会融资规模管理的对策 / 227

第一节　加快调整和完善社会融资规模统计口径 / 229
一、拓展和补充现有社会融资规模统计口径　/ 229
二、创新性构建社会融资规模的资金使用统计口径　/ 230
三、补足社会融资规模关联性指标统计口径短板　/ 231

第二节　高效推进金融业综合统计实施 / 232
一、建立健全金融业标准化统计制度　/ 232
二、重点搭建金融业综合统计信息平台　/ 233

第三节　探索运用大数据的关联性监测方法 / 234
一、强化金融系统内部的大数据关联　/ 234
二、运用跨行业的数据关联监测方法　/ 235

第四节　构建以社会融资规模为核心的宏观审慎管理协调机制 / 236

第八章　结论与展望 / 237

第一节　研究结论　/ 238
第二节　研究展望　/ 242

第一章 绪 论

第一节 研究背景和意义

一、次贷危机引发了金融统计对信息缺口的关注

2008年美国次贷危机全面爆发，对当时世界主要金融市场和整个国际金融秩序产生了极大冲击，使国际金融体系长期积累的系统性、隐蔽性的金融风险迅速暴露：金融市场和工具处于过度创新状态；金融监管虽然存在但松弛缺位；金融业背离服务实体经济本位，为追求高额利润不断越位。这些都是金融市场过度繁荣背后的隐患，最终酝酿成系统性金融风险，更成为次贷危机在全球蔓延的重要推手。

接受次贷危机的深刻教训，危机过后全球许多国家在宏观经济管理和金融治理过程中，都在不断反思并且规范本国金融市场发展，一改之前鼓励金融创新和放任自由发展的监管理念，将监管重心转移为防范金融风险，关注金融投入对实体经济发展的引导机制，注重利用金融投入实现宏观经济管理目标。

对次贷危机进行反思，各国金融监管部门认识到次贷危机中，由于金融统计制度存在缺陷，金融统计数据中的金融创新产品和跨市场信用创造数据有严重缺失，监管部门无法真实掌握一国范围内的信用创造规模，成为金融危机爆发的重要原因。各国金融统计的管理部门，分别对危机之后的金融统计制度和技术进行改进，新的统计手段在扩大货币供应量统计口径、注

重信用总量统计、增加各类金融性公司统计上逐步改进，如2012年国际货币基金组织在对《货币与金融统计手册》进行修订时，提出了在国际范围内金融统计框架和方法标准化、弥补信息缺口等方面进行改进①。具体到我国，央行于2010年11月开始研究并尝试编制社会融资规模指标，当年12月的中央经济工作会议也首次提出了"保持合理的社会融资规模"②。

二、我国金融监管转向关注宏观审慎管理

追溯至1992年之前，我国是由央行统一监管国内的金融市场和金融活动；1992—2003年，行使统一监管职能的央行在应对证券市场活动新变化和新需求上明显力不从心，证监会随即成立，1998年保监会成立，直至2003年银行监管职能从央行分离，银监会成立，我国金融业的分业监管体制确立下来。与此同时，金融办开始出现在地方政府管理机构中，最早一批出现在2003年前后③。它的出现无疑是我国金融业多元化发展和监管体制改革的产物④。

与此同时，我国金融业也突破了传统的经营范围，改变着传统经营方式，不断创新产品，融资工具不断推陈出新，整个

---

① 盛松成：《社会融资规模理论与实践》，中国金融出版社2014年版，第107页。
② 盛松成：《社会融资总量的内涵》，http://theory.people.com.cn/n/2012/1218/c40555-19930931.html。
③ 郑婉妮：《论地方金融办的独立性和问责性》，华中师范大学2013年硕士学位论文，第2—3页。
④ 金融办成立之初名称不统一，如上海市金融服务办公室，北京市金融工作局，宁夏回族自治区金融管理办公室，武汉市金融工作办公室。

金融体系内部结构也开始由银行主导型向市场主导型转变，金融市场多元化趋势明显。尤其是2009年以来，国内影子银行系统开始壮大，实体经济的融资渠道不再仅仅局限于商业银行的信贷规模，小额贷款公司、互联网金融等新型金融机构，以及信托、保险、证券等直接融资渠道为实体部门提供的融资规模不断扩大。与此同时，商业银行面对来自金融市场其他部门的竞争压力，也在不断拓展业务，一方面是创新传统业务种类，巩固既有市场；另一方面是通过表外业务，甚至是"表外外"业务，尽量绕开传统信贷的一些限制和金融监管，包括行业限制和授信规模限制等，对实体经济开展融资服务。随着金融混业经营模式下分业监管造成的监管空白地带凸显，表外业务和"表外外"业务快速扩张导致货币政策调控难度加大，影子银行体系迅速膨胀影响整个金融市场稳定等问题逐渐暴露，金融监管和宏观调控压力空前。

为应对复杂多变的国内金融市场形势，我国金融监管的重点由关注个体金融机构的安全稳定转向以加强逆周期调节、防范跨部门系统性金融风险、维护货币和金融体系的稳定为核心的宏观审慎监管。2018年，我国金融监管体制开始新一轮改革，内容主要三项：一是机构合并，中国银行业监督管理委员会与中国保险业监督管理委员会合并，组建新的监管机构：中国银行保险监督管理委员会；二是职能划并，银监会、保监会原有的拟订银行业、保险业重要法规草案和审慎监管基本制度的职责划入央行，央行内部新设立了宏观审慎监管局；三是省级金融办更名为地方金融监管局，并整合区域范围内地方政府的相关金融职能。

可以看出，宏观审慎管理的关注重点在于整个社会的信用总量，对信用总量的真实掌握是监测和防范金融风险的重要途径。社会融资规模的提出是实现宏观审慎监管理念的重要统计指标，从金融统计工作角度看，是对原有统计制度和统计框架的改进，在扩宽金融统计的覆盖范围、弥补缺失信息和获取更加全面的数据方面发挥了重要作用。而在更高的金融监管层面上，金融统计的全面性和准确性直接决定了金融监管的有效性。至 2019 年，社会融资规模已经连续八年写进中央经济工作会议文件和《政府工作报告》，因此在经历了金融监管体制的又一次重大变革后，社会融资规模无疑是新形势下宏观审慎监管的重要抓手，更是重要的监管创新和有益探索。

三、我国宏观经济管理面临新挑战

宏观经济管理是国家对经济总体发展进行计划、组织和调控的活动行为[①]，宏观经济管理有四大目标：经济增长、物价稳定、充分就业和国际收支平衡。就目前我国宏观经济管理面临的形势看，主要有三个方面的挑战：

一是外部环境严峻复杂。金融危机过后，世界经济进入了中低速增长的历史阶段，造成了外部对我国外向型生产活动的需求不足，出口对国内经济的拉动作用明显减弱；主要国家执行内顾型经济政策，贸易保护主义随之盛行，对我国出口类型的经济活动也是一种抑制；各个国家纷纷出台政策振兴本国经济，重整制造业，对我国以出口制造为主的外向型经济更为

---

① 周世康、李一鸣、刘军：《宏观经济管理概论》，西南财经大学出版社 2013 年版，第 20 页。

不利。

二是投入因素制约。从经济运行机制的投入角度看，资源人口、技术和资本是保障生产运转和经济运行的基本要素。随着我国人口进入老龄化社会，劳动力优势在生产活动中逐步丧失，与其他发展中国家相比极有可能逆转为劣势；自主创新能力基础薄弱，缺乏核心技术支撑，是技术层面长期存在的问题；资金利用效率不高，能源缺口较大，粗放型发展方式带来的负面影响仍然存在。

三是制度性制约。宏观经济本身是庞大体系，它的运行是个复杂的系统性问题，宏观经济管理过程中政策传导不顺畅、政策工具之间协调性以及经济结构自身存在失衡，微观主体活力缺乏等问题，也是目前我国宏观经济管理和调控中面临的较大挑战。

四、研究意义

鉴于社会融资规模这一指标是宏观审慎管理下货币当局的理论创新，也是金融统计部门的实践创新，所以对社会融资规模相关问题开展研究，兼具理论和现实意义。

一方面，社会融资规模是创新事物，对其开展研究有利于推动理论发展。2011年社会融资规模统计制度创设以来，研究集中在社会融资规模对货币政策传导效果、对经济增长的作用，包括宏观经济、区域经济、产业经济等方面，从宏观审慎角度对社会融资规模开展研究是一个崭新的角度，可以挖掘该指标在宏观管理方面的理论意义。

另一方面，对宏观审慎管理目标的实现有促进作用。社会融资规模是目前较为全面地反映社会信用总量的概念,只对其信用创造机制有所研究,才能掌握其核心要义。创造信用,就是创造了债务,提升了杠杆率,也意味着要承担金融风险。因此,在防范和化解重大风险成为国家重点关注的三大攻坚战之一时,对社会融资规模可能产生的风险进行有效评价,对于宏观审慎监管更有实践指导意义。

第二节 研究内容和方法

一、研究内容和结构安排

本书主要是将社会融资规模（以下简称"社融"）的形成机制、产出效应和风险监测与宏观审慎管理所关注的重要目标相对应，开展了基于宏观审慎管理的相关研究。信用总量、信用统计缺口、金融对实体经济的投入和影响以及系统性风险问题，这些都是宏观审慎管理的重要内容，同样也是社会融资规模包含和所能反映的重要信息。将两者结合起来搭建了本书的研究框架见图1-1。章节安排如下：

第一章是绪论，阐述研究背景和意义。次贷危机过后金融监管转向宏观审慎管理，统计信息的缺失引起监管部门高度重视，整个宏观经济管理面临挑战，在此基础上提出了本书的研究设想、框架、方法和创新之处。

第二章是理论基础和相关研究回顾，包括对社会融资规模的统计属性相关概念进行阐释，对宏观审慎管理的提出和研究进行回顾，这是开展研究的基础。

第三章是对社会融资规模的运行现状进行分析。按照宏观经济管理的总量、增量和结构的框架，运用定性、定量两种方法，分别从社融存量、社融增量和社融结构三个方面，分析了社会融资规模的波动特征、形成原因以及影响因素，对社会融资规模与其他经济金融重要指标的协同性也进行了动态分析。

第四章是以社会融资规模形成过程中的信用创造为研究主线，通过对各子项指标信用创造路径的静态还原，以及构建加入统计缺口因素的信用创造模型来分析社会融资规模形成的信用创造机制，并进行了相关实证分析。

第五章是围绕宏观经济管理的产出目标，对社会融资规模与实际产出水平、目标产出水平和潜在产出水平的关系分别进行了模型构建和实证分析。

第六章是对社会融资规模风险进行评价，创新性构建了反映社会融资规模风险的指标体系，并对社会融资规模的风险进行综合评价。

第七章是提出宏观审慎管理下优化社会融资规模框架的政策建议。

第八章是提出了本书研究结论与展望。

```
                              第一章
                                │
研究依据        第二章  理论基础与研究回顾       提出问题
         ┌────────┬──────────┬──────────┐
       社融概念   社融形成的   宏观审慎    宏观经济
       与统计属性  理论基础及  监管的研    管理的研
                 相关研究    究回顾      究回顾

                  第三章  社会      总量及影响因素；
       社会融资  →  融资规模运行  →  增量及影响因素；
       规模的形     分析            结构及影响因素；
       成机制                      波动特征

               →  第四章  社融的信用创造机制
        投入         ┌──────────┬──────────┐
        产出      加入社融统计   加入货币与社
                 缺口的信用     融双统计缺口
研究过程          模型          的信用模型      分析问题

                  第五章  社会    实际产出水平
               →  融资规模的产  → 目标产出水平  → 影响机制和
                  出效应          潜在产出水平     路径检验

        评价
        监测
                  第六章  社会    构建指标体系
               →  融资规模的风  → 风险综合评价
                  险评价与监测    风险监测

研究结论        第七章  宏观审慎管理下优化社会融      解决问题
                       资使用的对策

                第八章  全文结论与展望
```

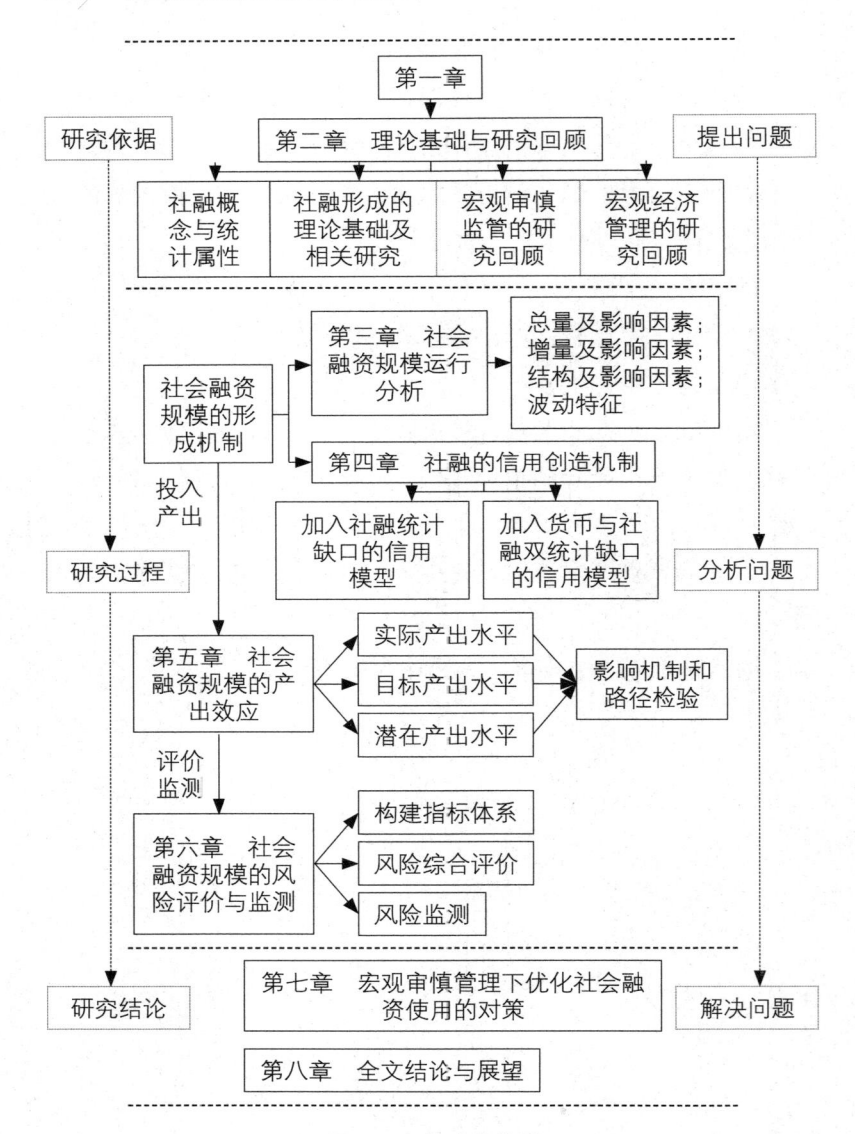

图 1-1 技术路线图

二、研究方法

本书主要采用理论研究与实证分析相结合的方法，围绕主题展开研究。主要采用了以下研究方法：

1. **文献分析法**。对相关研究进行回顾是必要准备，通过对已有以社会融资规模为研究主体的文献学习，一方面发现相关研究空白、研究争议，为本文的创新研究寻找新的视角、新的思路和可用方法；另一方面借鉴前人好的研究方法，用以分析解释社会融资规模相关研究内容。例如：通过第二章对社会融资规模相关理论和研究进行回顾，受到启发，形成了基于宏观审慎管理需要的角度分析研究社会融资规模的思路。另外，受到已有研究启发，在第三章、第四章、第五章、第六章中的实证方法选取和实证结果解析方面，进行了优选并找到了合理解释。

2. **数量研究法**。与统计分析法、定量分析法是同一种方法，本文运用了较多的数量和统计分析方法，运用JMulTi、SPSS、Eviews等数据软件，对社会融资规模的存量、增量、增长速度等数量关系进行分析研究，认识和揭示社会融资规模与相关经济金融变量之间的相互关系，社会融资规模的信用创造机制、产出效应，构建风险评估体系进行风险监测，从而形成了对本书研究主题较为深刻的认识。

3. **模型研究法**。在传统信贷信用创造模型的基础上，本研究在社会融资规模形成机制中加入了管理学中的统计因素，构建了新的信用创造模型用来解释社会融资规模的形成机制。

4. **交叉研究法**。科学是遵循在高度分化中又高度综合的运动轨迹前行，学科分化和学科交叉的趋势都在加强。本书的研究内容既包含管理学又包含经济学的逻辑内容。由于研究对象"社会融资规模"属于宏观金融概念，因此在解释主体形成的过程中运用了货币供给、货币需求和信用创造等经济金融相关知识。同时，将研究视角放置在宏观经济管理中，遵循管理系统方法中计划、控制、产出等逻辑主线来观察研究对象，对照宏观经济管理的目标，形成了新研究视角和研究思路。

第三节 创新之处

本书主要实现了三个方面的创新：

创新点一：研究视角的创新。由于社会融资规模是我国央行提出的，之前的相关研究基于货币政策居多。本书突破了以往的研究视角，从宏观审慎管理需求角度，将宏观审慎管理目标与社会融资规模的信用创造机制、产出效应和风险综合评价监测相结合。研究过程中，地方政府债券和国债相继纳入社融统计口径，说明该指标也受到财政政策的影响，更加验证了突破以往研究视角的合理性。同时，基于宏观审慎管理的研究结果会更有利于促进宏观经济的科学管理。在第五章社会融资规模产出机制分析中，也突破了只观察实际产出的传统视角，在宏观经济管理过程中计划环节、目标环节的启发下，从实际产出水平、潜在产出水平和目标产出水平三个层次研究了社会融资规模的产出机制。因此本文中有两处研究视角的创新。

创新点二：识别了统计缺口因素对社会融资规模形成机制的影响。宏观审慎管理的目标之一就是弥补统计信息缺口，全面掌握信用总量以防控金融风险。围绕这个目标，本书将统计缺口因素加入传统信用创造模型中，发现形成社会融资规模的信用创造效应受统计缺口影响明显，统计缺口越大，可识别的信用创造效应越小，而法定存款准备金、贷款等产生的信用创造效应在统计缺口的影响下也存在弱化。从现实意义看，这对完善宏观审慎管理有重要作用。

创新点三：构建了社会融资规模风险评价指标体系。对于系统性风险的管理更是宏观审慎管理的重要目标之一。从风险评价的角度，本书第六章构建了包含整体流动性、融资负担率、偿债能力和统计缺口等指标的社会融资规模风险综合评价指标体系。因子分析法和神经网络算法的运行结果显示，该指标体系对于评价和监测整体性金融风险有较好作用。因此，从宏观审慎监管角度看，运用指标体系进行风险监测具有可操作性和现实意义。

第二章 理论基础和相关研究回顾

在宏观审慎管理视角下对社会融资规模的形成机制和风险进行研究，必须要明晰宏观审慎管理的重点。以重点为方向，才能更好地结合社会融资规模这一研究主体开展研究。因此，本部分按照社会融资规模和宏观审慎两个主题进行了理论基础学习、文献收集整理并进行了延伸拓展，通过对现有理论基础和中外学者文献成果的学习，通过关注一些研究空白和研究争议，最终找到了比较理想的研究思路和研究方法。本章理论基础和文献回顾主要包括两大方面：一是研究主体"社会融资规模"的相关理论和文献，包括社会融资规模的概念、统计属性，以及社会融资规模形成的相关理论和文献；二是宏观经济管理的文献回顾，包括宏观经济管理框架的相关研究，宏观经济管理中的经济增长与决策，以及国内外关于宏观审慎监管方面的重要研究。

第一节 社会融资规模概念和统计属性

一、概念形成、完善及评价

(一) 概念提出

社会融资规模作为 2008 年全球次贷危机后中国央行创新性的宏观监测和调控指标，其产生有深刻的背景和意义，是金融市场实践推动理论研究发展和宏观调控政策操作完善的典型事实。首先，社会融资规模的提出反映了货币当局对金融市场的供给和需求结构变化有了深刻认识，并提出了新的调控指标增强宏观监测的全面性和宏观调控的有效性；其次，也是吸取国际金融危机教训、防范国内金融风险的必要举措；最后，社会融资规模的建立和运行体现了金融发展最本质的要求——服务实体经济。因此，编制社会融资规模这个指标对整个国民经济的健康稳健发展具有重要意义。

直观上理解，"社会融资"应该是整个社会获得融资的行为。分部门看应该包含国民经济核算框架中的所有部门，包括居民部门、企业部门、金融部门和政府部门的融资总量；分用途看包括生产性融资需求、流动性融资需求、消费性融资需求、公共支出和服务融资需求等获得的融资总和。从融资方式看是整个社会通过直接融资方式和间接融资方式共同取得的融资总量。从资金投入途径看，社会融资规模既包括传统的银行信贷资金投入,也包括股票、债券等多种金融工具的资金融入,还包括民间借贷产生的资金投入。

区别于传统观念上对"社会融资"的理解,根据概念来源,建立社会融资规模统计制度的中国央行给出了关于此项指标的明确定义:社会融资规模是指一定时期内(每月、每季或每年)实体经济(非金融企业和住户)从金融体系获得的资金总和。① 不难理解,概念界定的社会融资规模是严格的增量范围,社会融资规模统计数据的获得就是基于上述官方定义的界定。相对于被人们所熟知的货币供应量而言(包括流通中的货币 M0、狭义货币 M1、广义货币 M2 和针对金融工具创新设置的 M3),社会融资规模是一个崭新的金融统计概念和全面的融资统计角度。那么,对社会融资规模的学术性探讨和相关问题的研究,必须基于对该指标定义的准确把握。

一是资金来源必须是金融体系。实体经济中的各重要部门通过私人关系产生的人情借贷、获得的财政专项资金或补助、通过税收返还减免所取得的资金并不是市场行为,虽然存在资金借贷关系或者资金流入,但是与把资金作为一种资源进行买卖并获取收益的融资行为有本质的区别,因此社会融资规模的范畴仅限于买卖资金的金融体系。同时,伴随着金融市场的逐步完善和金融工具的不断创新,融资途径早已突破传统金融机构的信贷业务,商业银行通过委托贷款、票据融资等方式,信托机构通过基金投资、证券机构通过股票债券等方式为实体经济提供源源不断的资金支持。通过发展同业业务,银行、证券、

---

① 盛松成:《社会融资总量的内涵及实践意义》,载《金融时报》2011 年第 2 期,第 18 页。

保险等金融市场内各类经营主体的资金早已实现融通。因此,社会融资规模的资金来源是整个金融体系。

二是融资主体必须是实体经济。只有满足实体经济融资需求的资金数量才能计入社会融资规模的统计范畴。事实上,关于实体经济,目前政府部门和学术研究中使用非常广泛,但是它并不是一个严格的专业术语。其内涵在理论研究中也没有明确的定义,其范围究竟包括哪些行业、哪些部门也没有清晰的标准。鉴于社会融资规模概念中"实体经济"的界定非常重要,在此简单地进行文献回顾和探讨。国外研究中,被称为"现代管理学之父"的美国学者彼得·德鲁克,将20世纪80年代影响欧美国家的资本运动、汇率和信用疏通等形式定义为"符号经济",同时给出了"实体经济"这一相对概念,界定为商品和服务的流通。凯恩斯学派创始人、美国经济学家约翰·梅纳德·凯恩斯对经济学内部结构的划分也是区分为以货物和服务为形式的实体经济、以货币和信用为代表的符号经济两种形式。国内研究中,南开大学刘骏民教授著作《从虚拟资本到虚拟经济》(1998)中指出,虚拟经济是经济中已经膨胀到足够大的金融资产和房地产。在党的十六大报告中首次提出"要正确处理好虚拟经济与实体经济的关系"。

特别要指出的是,在2008年次贷危机之后,美联储频繁地开始使用"实体经济",多份声明中反复提及金融市场、金融动荡和实体经济的关系。从美联储对外公布的经济数据看,房地产市场和金融市场数据并不在实体经济数据的范畴,也就是说,美国对经济结构的划分标准是除房地产和金融以外的市场,统称为"实体经济"。

鉴于社会融资规模这一概念的出处,以及美联储和中国央行功能作用的相似之处，本书中"实体经济"的范畴也不包含房地产和金融服务业，因为房地产在过去很长一段时间内被赋予了投资属性，金融行业有着区别于物质产品、精神产品的生产创造、消费流通等经济活动的典型特征，它是"以钱生钱"的经营活动，是资本运动，是虚拟活动。

（二）发展和完善过程

2010年12月中央经济工作会议首次指出"保持合理的社会融资规模"，2011年3月在政府工作报告中明确了"实施稳健货币政策，保持合理的社会融资规模，广义货币增长目标为16%"。

2011年央行内部的年度工作会议上，时任央行行长、著名经济学家周小川提出了"加强对社会融资总规模研究"的工作要求，这是继首次提出概念以来，在实际操作层面的重大突破。2012—2015年，每年政府工作报告中，都强调指出社会融资规模要保持合理，2016年和2017年，政府工作报告中更明确了社会融资规模增长目标分别为13%和12%。

从国家层面的阐述中，明确体现出对社会融资规模的关注和重视程度上升，也证明社会融资规模逐步成为宏观经济分析中的重要指标。从操作层面看，社会融资规模概念体系建立和内涵完善也正在经历一个与时俱进的过程（图2-1）。

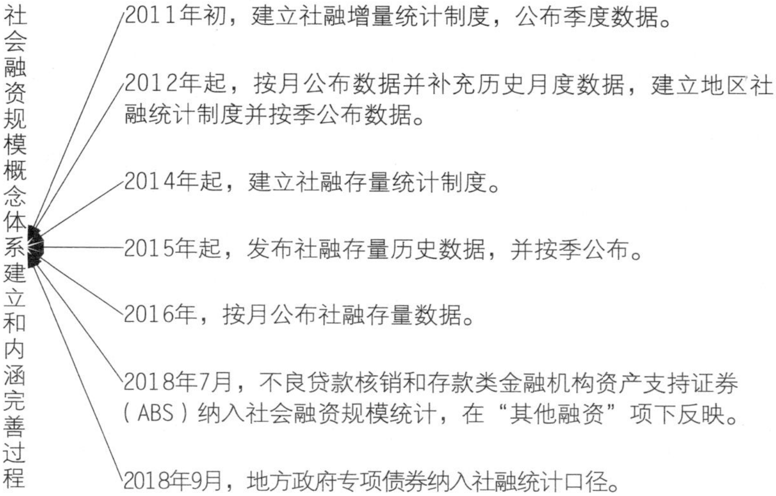

社会融资规模概念体系建立和内涵完善过程
- 2011年初，建立社融增量统计制度，公布季度数据。
- 2012年起，按月公布数据并补充历史月度数据，建立地区社融统计制度并按季公布数据。
- 2014年起，建立社融存量统计制度。
- 2015年起，发布社融存量历史数据，并按季公布。
- 2016年，按月公布社融存量数据。
- 2018年7月，不良贷款核销和存款类金融机构资产支持证券（ABS）纳入社会融资规模统计，在"其他融资"项下反映。
- 2018年9月，地方政府专项债券纳入社融统计口径。

图2-1　社会融资规模概念体系建立和内涵完善过程（2011—2018年）

（三）概念的客观评价

根据社会融资规模的定义，一定时期内实体经济从整个金融系统内获得的资金支持，概念中"社会融资规模"的形成路径非常清晰：从金融体系来，到实体经济去。通过对概念剖析，金融体系的范围是明确的，然而实体经济范围的不明确使社会融资规模在完善过程中产生了一些争议和讨论。

最早关于社会融资规模的官方著作中[①]，明确了除住户部门和非金融企业部门外，国民经济框架中的政府部门和金融部门的融资行为产生的融资都不在社会融资规模范畴内。比如中央

---

① 《社会融资规模理论与实践》是中国人民银行调查统计司作为社会融资规模的编制部门，出版的首部官方著作，该书先后修订出版了三版，其中最大的变动是社会融资规模数据的更新。关于社会融资规模定义并未作修订。

政府发行国债募集的资金、商业银行与商业银行之间的拆借资金、银行部门和信托公司之间的资金往来等都不能算作社会融资规模。金融部门之间的资金融通不纳入社会融资规模的统计范畴，比较容易理解。政府部门的融资规模不纳入社会融资规模，曾任央行调查统计司司长盛松成（2012）做过详细说明，一是国债发行主体是政府，它的发行与兑付属财政政策范畴，需与货币政策作区分；二是国债筹集资金用于政府的各项日常开支或弥补财政赤字居多，并未进入实体经济生产领域。

但是，从图 2-1 中明显看出，地方政府专项债券于 2018 年 9 月正式纳入社会融资规模中进行统计。地方政府债的纳入使得研究领域对社会融资规模的内涵争议不断。无论是地方政府还是中央政府，都是一级政府，社会融资规模是否突破了最初的内涵，将政府部门纳入了实体经济？本质上看，对"实体经济"的界定确实影响着对社会融资规模内涵的理解。因此，仅从概念角度理解，社会融资规模的概念仍有待完善。

二、统计构成、编制原则及评价

（一）统计构成

作为一个创新的宏观性概念和金融统计指标，概念的界定最终也是为了给出准确的统计数据。总体看，社会融资规模是个融资总量概念，具体看，该总量指标主要由以下几部分构成：

一是银行业金融机构向实体经济提供的贷款支持，包括人民币贷款、外币贷款两个子项。首先，人民币贷款和外币贷款的发放主体是传统的银行业金融机构，又可合称为本外币贷款，二者是传统的商业银行资产负债表表内业务，更是实体经济最为重要的融资工具，在社会融资规模中占比最高。其次，社会融资规模中的本外币贷款更具针对性，它仅包括投向非金融企业、个人、机关团体的贷款支持。与金融统计标准中的本外币贷款有着重要区别，社会融资规模中的本外币贷款不包含银行业金融机构拆放给非银行业机构的款项和境外贷款，也可以直观地理解为剔除了金融机构同业之间资金借入，也就是统计口径是紧紧围绕"支持实体经济"这一主题。

社会融资规模中本外币贷款也具有相应的结构性特征：按主体可分为住户贷款和非金融企业贷款；按投向可分为农林牧渔行业贷款、制造业贷款、交通运输和仓储邮政业、批发零售业等；按期限可分为短期贷款（一年及以下）、中长期贷款、票据融资（金融机构对票据贴现进行融资）。

二是银行业金融机构通过资产负债表以外的业务为实体经济提供的资金支持，包含委托贷款、信托贷款和未贴现的银行承兑汇票三个子项。委托贷款不仅是银行业金融机构的表外业务，同时也可以看作中间市场业务。

信托贷款的发放主体是信托公司，按照信托资金的运作和监管规定制定计划募集资金，并将信托资金投放到相关单位和项目中。信托贷款并不反映在信托公司的资产负债表中，因此也属于其表外业务。

未贴现银行承兑汇票是一项较为特殊的统计指标，因为该项指标是企业签发的银行承兑汇票总额减去已在银行表内贴现的金额所得的差额项，并不是直接统计取得的数字。由计算方法可知，未贴现银行承兑汇票是典型的银行表外业务，并且准确反映了通过银行信用背书仍留存在实体经济部门的融通资金。

三是证券行业为实体经济提供的资金融入，包括非金融企业的企业债券融资和境内股票筹资两个子项。企业债券是非金融企业在金融市场上发行的债券,主要是在银行间市场发行和交易,是典型的直接融资方式,品种目前主要集中在企业债、公司债、超短期和短期融资券、中期票据、私募债等。境内股票筹资是指非金融企业通过正规金融市场进行的股票融资,目前计入统计的是已经在沪深两市上市的 A 股融资金额。

四是金融机构通过其他方式提供给实体经济的资金,包括投资性房地产、保险公司赔偿两个子项。投资性房地产是指金融机构为实现资本的保值增值,出资持有土地所有权、建筑物等,已纳入社会融资规模的是银行业金融机构和保险公司的投资性房地产资金。与常规理解的"投资性房地产"不同的是,社会融资规模项下不包括居民住户的个人房地产投资行为。保险公司赔偿项是保险公司履行保险合同的赔偿义务支出的资金,具体有财产险赔款、健康险赔款和意外伤害险赔款。保险赔偿纳入社会融资规模统计口径主要是体现了保险行业作为金融市场的重要组成部门,对金融市场的资金贡献。

五是其他融资工具提供的贷款支持,主要包括小额贷款公司贷款、贷款公司贷款等非存款类金融机构提供的资金,统计为 1 个子项。小额贷款公司和贷款公司是近年来新兴的金融机构,承担着为资金需求方提供贷款进行资金融通的功能。2018 年 7 月,央行完善社会融资规模统计方法,将"存款类金融机构资产支持证券"和"贷款核销"纳入社会融资规模统计,在"其他融资"项下反映。

2018 年 8 月以来,由于财政部规范和清理政府举债的持续推进,地方政府专项债券发行进度加快,对银行贷款、企业债券等有明显的接替效应。因此,2018 年 9 月起,央行将"地方政府专项债券"纳入社会融资规模统计。

必须说明的是,社会融资规模既有存量数据,又有增量数据,二者的用途和意义有所不同,在第四章中会详细说明。此处需在统计性问题中说明的是,统计过程中仅有一点区别:社会融资规模的存量数据中不包含"保险赔偿",因为赔偿是指一定时期内须履行赔偿义务而支付的金额,所以没有存量和余额的概念。因此,社会融资规模存量指标有9个子项指标构成,社会融资规模的增量指标有10个子项指标构成,差别之处就是"保险赔偿"。社会融资规模的结构性存在多维度特征,多维度分类详见图2-2。

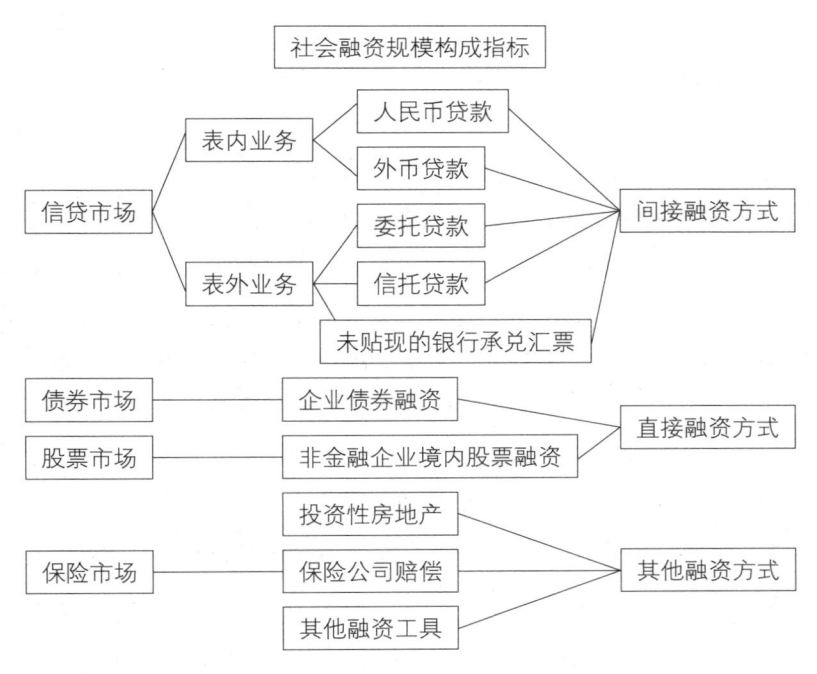

图2-2 社会融资规模结构性特征多维度分类图

（二）编制原则和依据

社会融资规模的编制原则和依据是联合国等机构联合发布的 SNA（国民账户体系）和 IMF（国际货币基金组织）编写的《货币与金融统计手册》，主要原则包括居民原则、金融原则、合并原则、计值原则及可得性原则，尤其是体现了信用总量的概念，以金融概览和资金流量核算框架为基础进行编制。

居民原则：根据国民账户体系中"居民"的严格定义，社会融资规模的持有部门是通过自身负债活动获得资金的实体经济部门，即住户和非金融性公司。社会融资规模的发行部门是境内资金的提供者，不仅包括境内金融性公司，还包括住户和非金融性公司。

金融原则：在概念解释中已经全面体现出该原则，不通过金融体系获得的资金，不计入统计范畴。

合并原则：该统计原则下可以有效避免重复统计，通过轧差的方式将各类融资方式中重复部分剔除，例如：从金融市场的直接融资中剔除金融机构通过金融市场提供的资金支持、将金融机构之间的债权和所有权关系相互轧差、金融机构之间互相持有债券不计入社会融资规模。特别是统计银行承兑汇票时，扣除已贴现部分（银行贴现部分已在人民币贷款中反映），就是遵循合并原则不重复统计。

计值原则：该原则有效避免了债券、股票等金融产品市场价格波动引起的真实筹资金额的波动，具体操作如下：票据类、债券股票均按账面价值或者面值进行计算；外汇资产的增量用当期平均汇率换算，存量用期末汇率换算。

可得性原则：主要指计入社会融资规模的指标是可计量的，并且绝对数量较大，对经济运行的影响显著。实际操作中，存在部分指标，理论基础良好，可获得性差或者数额小，如对冲基金，国内这类机构规模小、数量少；存在部分指标，如私募基金，难以有准确的统计。因此民间借贷、互联网金融等相关数据并未纳入社会融资规模统计。①

表2-1 社会融资规模构成指标数据归属和来源表

构成指标	数据归属	数据来源
人民币贷款	银行业金融机构资产负债表资产方	中国人民银行
外币贷款	银行业金融机构资产负债表资产方	中国人民银行
委托贷款	银行业金融机构表外资产	中国人民银行
未贴现的银行承兑汇票	银行业金融机构表外资产	银行间市场交易商协会
信托贷款	信托机构表外资产	中国银保监会
企业债券	证券市场统计——债券筹资统计	中国证监会、银行间市场交易商协会
非金融企业境内股票融资	证券市场统计——股票筹资统计	中国证监会
地方政府专项债券	地方债管理	财政部
投资性房地产	银行业金融机构资产负债表资产方	中国人民银行、银保监会
保险公司赔偿	保险业金融机构资产负债表资产方	中国银保监会
其他融资	不良贷款核销和存款类金融机构资产支持证券金融市场资产方	中国人民银行、银保监会

---

① 盛松成：《社会融资规模指标符合金融宏观调控市场化方向》，载《资本市场》2011年第4期。

由上述社会融资规模的数据归属和数据来源可以明确看出,结构性指标数据均来自金融市场方面的统计,从资产方和发行方取数,那么会产生一些疑问:民间借贷最早产生也是一直存在的实体经济的融资方式,为民营经济、小微企业的发展提供了大量的资金支持,为什么社会融资规模中没有反映民间借贷的资金借入?互联网金融作为新兴的金融工具,近几年蓬勃发展,通过互联网平台作为融资媒介,也为大量实体经济提供了资金支持,符合"社会融资规模"的定义,同样也没有被计入统计。外部举债获得的资金,同样是一定时期内融资行为对实体经济提供的资金,也是没有被计入社会融资规模总额。这些发现将对下一步改进社会融资规模的编制提供依据。

(三)统计属性的客观评价

社会融资规模统计制度的建立,拓宽了金融统计的覆盖范围和数据获得渠道。通过第二章第一部分社会融资规模统计制度建立和完善过程可以得知,目前货币当局和金融监管正在形成新的侧重点:

第一,监测整个金融体系的资金情况。传统的金融统计重点关注银行,特别是存款类金融公司。国际金融危机爆发影响到全球经济,我国货币政策制定部门也深刻地认识到,不仅是传统的银行业金融机构,其他金融公司在金融体系中的作用和地位越发突出,资金投入对国民经济的支持越来越大。因此,通过编制完整的各类金融公司数据,全面掌握银行业金融机构和非银金融机构的资金流动状况,特别对跨机构、跨市场、跨行业的资金流动有更为准确的监测。

第二,监测存量和流量。传统的货币和金融统计重点关注存量,因为存量数据能够有效反映仍然留在经济部门发挥作用的资金规模。而流量数据则更为细致，一段时期内流量数据能够更好地反映政策执行、市场预期、国际形势等因素对金融市场的影响，能够更完整地建立国民经济分析框架。

第三，监测信用总量。各层次货币供应量一直是货币当局重点监测的统计数据。随着金融脱媒和金融创新的持续发展，货币供应量始终作为货币政策传导的中介目标效果并不理想，从金融机构资产方监测到的"信用总量"，能够更好地解释信用货币制度下货币和经济的关系，也能更好地监测分析金融体系的稳定性和风险性。

同时，社会融资规模统计制度不断完善，也体现出这一创新性事物并不是全面和无缺陷的。社融口径的调整和扩大一方面说明了实体经济的融资渠道在拓展，另一方面是相关指标统计准确性不断提升已达到纳入社会融资规模指标体系的标准。通过对2018年两次社融统计口径扩大的思考以及相关指标的比对，客观来看，现有统计条件下社会融资规模仍须进一步优化和完善：

1. 地方政府专项债券和国债比较。 除了从概念角度界定，从统计属性看，两者同属于财政政策范畴；从资金流向解释，地方债的用途也不能完全认定为流入实体经济，国债资金支出最终大部分也体现为购买实体经济的实物产出和服务，而且国债筹集的目的中也有用于投资流入实体经济的部分。因此，国债纳入社会融资规模统计同样具有科学性和合理性。

2. 存款类金融机构信贷资产支持证券（信贷ABS）和企业资产支持证券（企业ABS）比较。 信贷ABS已经增入社融口径，企业ABS也是实体经济从金融体系获得资金支持，从资金规模来看，2017年全国共发行信贷资产证券化产品5972亿元，企业资产证券化产品发行金额8857亿元；至2017年末，信贷资产证券化产品存量金额6766亿元，企业资产证券化产品存量金额11824亿元。① 因此从资金用途和规模考量，企业资产支持证券化产品纳入社会融资规模也是一种优化。

3. 关于"保险赔偿"是否应该列入社会融资规模的思考。保险赔偿的产生路径是由需求方和保险机构签订保险合同，按合同规定支付保险费用（也就是购买"保险"这种商品的费用）。当符合合同中约定的赔偿条款时，保险机构支付保险赔偿，也就是"购买保险"（付费）到可能获取赔偿（赔付）。从本质来看，"保险赔偿"是补偿风险和意外的行为。而融资行为是先借入资金，又归还资金和利息的行为，本质是产生风险的行为。因此，本书认为，从信用创造的本质看保险赔偿不应该纳入社会融资规模指标统计。从数据统计趋势看，保险赔偿的发生额在整个社会融资规模增量指标中的占比非常小，是否剔除进行定量分析都不影响社会融资规模增量的趋势变化。

回到社会融资规模的初创时期，时任央行调统司司长盛松成曾在公开场合说明，社会融资规模统计"指标虽无重复，但有遗漏"。如国内融资纳入社会融资规模统计，而外商直接投资（FDI）则不包括，此外私募股权、产业基金和P2P等也未纳入。不计入的原因有二：首先是其中一些领域融资规模不大，不妨碍整体指标的使用。其次是某些指标如P2P统计的真实性都无法考证，再加上本身缺乏稳定性，因此未被计入也是社会融资规模指标构成中大部分指标有效性的体现。不过，通过统计技术和手段的强化，特别是某些指标规模影响力提升时，社

---

① 数据来源：中国资产证券化分析网。

会融资规模口径随之会进行动态调整。

三、统计指标的实践环境

次贷危机从美国爆发，波及世界主要经济体的金融市场，危机潜伏并最终爆发是各种问题长期积累的结果。其中一个根源性问题是某些金融行为缺乏监管，因为大量基于次级债务的信用创造造成了美国经济虚假繁荣最终泡沫破裂。信用创造中，主要有两个方面的数据没有被金融监管部门掌握：一方面是一些非银行金融机构的创造途径产生的信用增量，如对冲基金、私募基金、投资银行等资产方数据；另一方面是银行系统中涉及复杂、多层嵌套的金融产品。总结来看，就是所谓的"影子银行"和"银行的影子"所进行的信用创造。

找到金融监管的薄弱环节后，完善金融统计缺失的模块，是防范和化解下一次危机爆发的有效手段。但是，针对资产方信用创造的专项统计没有在欧美等资本主义国家落地生根，而是成了中国央行的首创指标，这与我国宏观调控的总体环境和金融市场的发展阶段密不可分。也就是说，社会融资规模成为我国央行独一无二的创新指标与特殊的国内实践环境有关：

1. 我国金融市场发达程度不高。 发达国家的影子银行[①]开展业务，或者银行影子业务的发生，是以资产证券化为业务核心。通过金融产品多层嵌套设计，在银行和其他金融机构之间，进行产品买卖和再证券化，因此受金融机构之间资产方情况复

[①] 2012年，美联储前主席本·伯南克在美联储金融市场会议的演讲中提到，影子银行是游离于传统银行体系之外，由机构、工具和市场共同组合成的信用中介。

杂、数据统计成本极高并且准确性的影响，并没有类似社会融资规模之类的资产方统计指标产生。而我国的影子银行，虽然定义[①]与发达国家类似，但是业务核心仍然类似传统银行，通过向经济主体投放资金开展借贷业务，一定范围内规避宏观调控和金融监管，可以形象地比喻为"贷款腾挪"。正因为金融市场的欠发达，使得社会融资规模指标落地数据可得并且准确。

2. 我国央行更依赖数量型货币调控工具。货币政策工具可分为数量型工具和价格型工具，数量型以货币供应量为代表，价格型以利率为代表。在市场经济发展初期，我国长期处于国际收支顺差地位，通过控制货币供应量来实现宏观调控。同时，我国利率市场化的推进不理想：1993年明确提出了利率市场化的设想，到1996年央行放开银行间同业拆借利率迈出市场化第一步，到逐步放开外币贷款利率、取消贷款利率上限和存款利率下限，再到2015年全面放开存贷款利率浮动上下限。前后20多年，并没有真正开启利率市场化进程，放开存贷款利率浮动限制后，市场利率定价自律机制[②]开始发挥作用，实际上是约束存款利率上浮不得超过40%~50%。利率市场化的"两轨并一轨"改革也没有实质性推进[③]，存贷款基准利率仍然没有与市场接轨。发挥利率的中介目标作用，更需要畅通的利率传导机制，而我国的利率传导在信贷、货币和债券三大市场之间存在

---

① 中国央行调统司和成都分行联合研究课题《影子银行体系的内涵及外延》中，我国影子银行定义为从事金融中介活动，有着与传统银行类似的信用、期限或流动性转换功能，但未受同等程度监管的实体。
② 2013年，由央行倡议成立，在各省市均有设立，办公室设在央行货币信贷管理部门，实际上对利率市场化起到了阻碍作用。
③ 两轨：存贷款基准利率；一轨：货币市场利率。

割裂，利率传导受阻。与发达国家健全的市场经济体制和敏感有效的利率传导相比，数量型货币调控工具在我国更有用。

3. 满足我国实体经济融资需求的有效调节手段。我国实体经济体系的融资需求与发达国家不同，中小企业、民营经济在经济体系中占比较大①，多渠道融资需求更为强烈。在仅有货币供应量作为货币政策的数量型工具时，区域性货币供应、结构性货币供应以及不同信用创造路径产生的货币供应是无法区分的。我国实体经济在相当长的时期内，面临中小企业和民营经济融资难、融资贵等困境金融出现"脱实向虚"。因此，构建以不同金融中介主体为统计单元的综合性融资指标，以反映多渠道加总后的社会融资状况，对我国的宏观调控实施和经验积累，为提升金融服务实体经济效率更具实践意义。

---

① 2017 年，工信部官员在第二届互联网＋中小企业创新大会上将中小企业贡献归为"5678"：贡献 50% 以上的税收，创造 60% 以上的 GDP，完成 70% 以上的发明专利，提供 80% 以上的城镇就业。2018 年，国家主席习近平在民营经济座谈会上指出其具有"五六七八九"的特征，除九是指 90% 以上的企业数量，其余提法跟工信部吻合。中小企业与民营企业在我国有很大程度的重合。

第二节　社会融资规模形成的理论基础

任何形式的经济行为都是以货币为基础的，融资的本质就是关于货币的需求和供给。社会融资规模形成有如下三个要件：一是产生于现代信用货币制度大背景下，二是服从于货币需求和货币供给，三是基于货币政策传导中信用观点的有效性。因此，本书将以现代信用货币制度为重点，梳理社会融资规模形成的理论基础和相关研究。

从货币形态演化进程看，货币起源和形态演进与人类文明的起源发展是同步的。自从人类有了交换需求，就产生了物物交换的交易形式，同时衍生出具有"直接交换功能"或充当"交换媒介"（间接交换）的一般等价物，也就是最初的"实物货币"形式。在人类历史上，一些生活必需品如食盐、大米、布匹、木材，一些家畜如牛、羊，一些较为贵重的生活用品如贝壳、羽毛、皮革等实物形式都曾作为流通的一般等价物出现过。当进入农耕文明后，人们的交换行为扩大、交换需求增多、交换过程趋于复杂，交换经济的发展对实物货币产出了更多的需求，包括价值易衡量、易分割储存、易携带等。在这些需求的推动下，实物货币的形态开始发生变化，开始有了称量、铸币形态的金属货币。金银货币在金属货币史上作为实物货币占据主体地位的时间较长，主要是因为金银货币可市场化能力强，不易变质、便于运输携带、本身具有价值且能衡量，并且可以通过低成本手段鉴别品质和真伪。至少基于上述特征（不限于这四个特征），金银货币曾被广为接受。从我国封建社会货币史看，整个金属货币时代大致经历了仿制生产工具和生活器具、方孔圆钱、银圆铜圆等不同形式的变化过程。从制造过程看，从称量货币到铸币，是金属货币转化为标准化货币的重要实践。中国是世界上最早（公元前1500年）以铜铸币的国家，另外，世界范围内大部分国家的铸币都是政府垄断的（19世纪美国、澳大利亚都曾有私人铸造作坊[①]），政府垄断造币工业一直延续至今。

世界上最早的纸币是出现于我国北宋时期的"交子"，纸币的突出特征是制作成本低，更易于保管、携带和运输。在相当长的时期内，金属货币和纸币是共同流通的。如今，纸币是当今世界各国普遍使用的货币形式，以纸币为代表的信用货币也衍生出了电子货币等多种形式。

一、货币供求理论与信用创造

西方经济学家主要从货币的交易媒介和财富功能出发，运用不同方法对货币需求问题进行研究和探讨，形成了以古典货币数量论、凯恩斯流动性偏好、弗里德曼的现代货币数量论为代表的货币需求理论学说。

[①] 埃尔温·布鲁克斯·怀特：《货币制度理论》，中国人民大学出版社2004年版，第10页。

（一）古典货币数量论

16世纪法国重商主义经济学家让·博丹认为，物价高涨的主要甚至是唯一原因就是黄金和白银的充足，也就是说过多的货币可以推高物价，这一观点被普遍认为是古典货币理论的萌芽。18世纪末，法国经济学家萨伊提出了著名的萨伊定律：供给能自己创造需求，古典货币数量论的基本观点则是萨伊定律的假设前提。萨伊认为货币价值长期保持稳定，货币在商品交换中仅发挥媒介作用，因此也有"货币面纱"之说。货币仅仅是商品交易的一层面纱，交换的实质是供给可以自己创造出需求，长期看社会总供给等于总需求，货币是中性的，对经济体系无影响。到20世纪30年代，古典货币数量论发展到顶峰，以下列几位经济学家的理论为代表：

1. 费雪交易方程。美国经济学家欧文·费雪提出了著名的费雪交易方程，该方程基于货币的交换媒介功能，并且认为货币最终的职能是实现购买交换，这实际上是古典货币数量论的继承。在一定时期内，经济中货币使用量与商品、劳务交易量相等，抽象为方程表达式：$MV=PT$，其中M、V、P、T分布代表货币数量、货币流通速度、物价水平和交易总数量。由于货币流通速度主要受制度因素影响，变动不大，较为稳定，交易总数量由生产决定，长期内也较为稳定，因此货币数量与物价成反比例关系。

2. 现金余额说。以美国经济学家马歇尔和庇古为代表的剑桥学派提出，出于对交易媒介的需求，货币需求一部分由人的交易动机决定，主要受收入水平影响；出于对贮藏财富的需求，货币需求一部分受持有货币机会成本的影响，也就是受利率水平的影响较大。利率水平相对稳定时，现金余额方程表示为：

$M_d = k \cdot PY$，其中 M_d 表示货币需求，k 为常数，P 为价格水平，Y 表示收入水平。也就是说，现金余额说认为，货币需求与价格水平和总收入水平呈正比例关系。

（二）凯恩斯主义的货币需求理论

凯恩斯的货币需求理论是货币经济理论最显著的发展之一。由于凯恩斯是剑桥学派创始人阿尔弗雷德·马歇尔的学生，因此他的货币理论在某种程度上是剑桥货币需求理论的进一步改进和发展。不同的是，凯恩斯在其《就业、利息和货币通论》一书中分析了货币持有的不同动机，概括为"流动性偏好理论"。

1. 流动性偏好理论。 20 世纪二三十年代，资本主义经济处于大萧条时期，在此背景下，凯恩斯提出了著名的"流动性偏好"理论，即人们持有货币的动机主要有以下三种：一是交易动机。由于企业、居民等日常的生产和商品交换的交易动机，必然会产生一定的货币需求，这种出于交易动机而产生的货币需求，也就是货币的交易需求。二是预防动机。人们为了预防一些不确定和突发事件的发生，而需要保留一部分货币的动机，这类的货币需求也叫作货币的预防性需求。三是投机动机。当持有货币可以利用投机机会从中获利时，便有了货币的投机需求。

凯恩斯认为，货币总需求（M）由货币的交易需求（M1）、预防需求（M2）和投机需求（M3）构成。交易需求和预防需求受收入水平影响，收入水平越高，交易性的货币需求和预防性的需求可满足的就越多。而投机需求由市场利率水平决定，当市场利率水平高时，储蓄便能满足人们的盈利目的，投机需求便会减少；当市场利率水平变低时，持有投机动机的货币需求便会增加,但是存在一种极端情况:当市场利率水平极低时,人们无论如何也不愿意投资,只愿意持有现金或者储蓄,这种情况被称为"流动性陷阱"。

2. 后凯恩斯主义的货币需求模型。凯恩斯学派的其他经济学家在凯恩斯流动性偏好理论的基础上,对货币需求理论进行了改进和发展。

"鲍谟—托宾"模型首次将货币中的交易需求与利率、收入的关系用数学模型表示出来,鲍谟和托宾认为往返银行和放弃银行利息收入都是有成本的,现金持有者通过优化现金持有量使总成本最小。假设现金持有者年收入为 Y,银行利率为 i,那么最优交易现金持有量用公式表示为:$M^* = k\sqrt{Y/i}$,这也是著名的"平方根"公式,其中 k 是与往返银行成本有关的系数。可以看出,货币中的交易需求与收入水平呈正比例变化,与利率水平呈反比例变化。相比之下,持有现金成本的变化对现金持有量的影响较小。

惠伦模型是对货币需求中的预防性需求的进一步研究。美国经济学家惠伦认为,货币的预防需求是为了应对流动性不足。现金持有者持有非现金资产面临机会成本,非现金资产转换为现金的费用为 F;持有现金资产也面临机会成本,用银行利率 r 表示。假设现金持有者的净支出标准差为 S,并且遵循随机分布,那么,最优预防性货币持有量用公式表示为:$M^* = \sqrt[3]{2S^2F/r}$,这也叫"立方根"公式。可以看出,预防性货币持有量与银行利率呈反比例关系,与净支出方差、非现金转换费用呈正比例关系。

(三)现代货币数量论

美国经济学家米尔顿·弗里德曼从影响货币需求的多种因

素出发，构建了多元的货币需求函数，函数形式表现为：

$$M_d = f(y, p, w, r_m, r_d, r_e, \frac{1}{P} \cdot \frac{dP}{dt}; U)$$

其中 M_d 表示货币需求，等式右边 y 表示恒久性收入，p 表示物价水平，w 表示非人力资本占总资本的比率，r_m 表示货币的名义报酬率，r_d 表示预期固定收益率，r_e 表示预期非固定收益率，$\frac{1}{P} \cdot \frac{dP}{dt}$ 表示物价变动率，U 代表效用水平。弗里德曼认为，货币需求的报酬率是必须要考虑的，货币流通速度可以准确测算，货币需求总体是比较稳定的。

从古典货币数量论，到凯恩斯学派的货币需求理论，再到现代货币数量论，在资本主义经济的不同发展阶段和背景下，西方经济学家对货币需求的研究视角和领域逐步拓展和深入，更多的影响货币需求的因素被关注，多元的货币需求理论模型逐步建立。总体来说，各学派关于货币需求的研究都认同货币需求是相对稳定的，收入水平和利率水平对货币需求有重要影响。但是，货币数量论和凯恩斯主义对于货币性质的理解有着根本分歧，货币数量论对货币性质的理解继承了古典学派的观点，认为货币是中性的，货币在经济发展中发挥交易媒介的作用，货币数量的增加会推高物价水平，长期看对产出水平没有影响。凯恩斯学派对货币性质的判断在《就业、利息与货币通论》一书中明确体现，凯恩斯用货币来解释失业现象，并且认为货币能够引起经济波动，他对货币的定义表述如下：货币尽它自己的职能影响着各种动机、决策，是局势中的有效因素之一，因此对于货币动态如果从头到尾一无所知，不论长期进程还是短期，都无法掌握。

基于对货币基本属性的不同判断，各个学派对于货币理论的政策含义也有不同的建议。凯恩斯学派建议当有效需求不足时，可以通过扩大货币供给量使得利率下降，利率下降后进一步刺激投资扩大，从而增加产出。而现代货币数量学说则倡导自由主义，反对政府过度干预经济；相对稳定的恒久性收入决定了货币需求，货币当局应当遵循"单一规则"，按照满足货币需求量的标准控制好货币供给。

20世纪20年代，货币供给理论开始形成理论体系，其代表性事件是美国经济学家菲利普斯在其著作《银行信用》中创造性提出了"原始存款"和"派生存款"，发现两类存款的区别从而把握住了货币供给的核心，为货币供给理论体系构建提供了理论雏形。

20世纪60年代，盛行了二三十年的凯恩斯经济理论已经无法有效应对资本主义经济中的"严重滞胀"，越来越多的经济学家重新开始关注货币供给问题。这一时期，货币供给理论进入成长期，主要是围绕货币供应是由经济系统自身决定还是经济系统以外的其他因素决定这一问题，分为外生货币供给理论和内生货币供给理论，极具有代表性的包括凯恩斯和弗里德曼的外生货币供给理论和新古典学派的内生货币供给理论。

（四）外生货币供给理论

19世纪初，大卫·李嘉图的"金块论"是早期货币供应外生论的代表，他认为货币发行是由黄金数量决定的。

英国经济学家凯恩斯作为货币供应外生理论的代表人物，他认为货币是银行券，是一种流通符号，背书国家信用，法律强制流通。因为货币是国家创造的，所以货币供应数量是由制造货币的中央银行所决定。中央银行根据经济状况、政府决策和金融政策，人为地增减货币供应数量。在货币供应渠道上，凯恩斯认为货币当局通过在公开市场上操作买入或卖出各类债券和票据，来达到调节货币供应数量的作用，因此公开市场业务是调节货币供应量的重要渠道。凯恩斯认为，货币供应量变动会对利率直接产生影响。当货币需求上升时，货币供应数量不变，利率必然会上涨，从而引致消费和投资同时减少，经济增长的有效需求就会不足。当货币需求保持不变时，货币供应数量增加，利率必然会下降，从而引致消费和需求同时增加，经济增长的有效需求就会增加。凯恩斯的外生货币供给理论的重要贡献有两处：一是货币外生，由货币当局决定；二是利率是货币供应影响总需求的中间变量。

美国货币学派经济学家弗里德曼是货币供给外生理论的另一位重要代表人物，他也认为货币供应量由经济系统以外的货币当局决定。弗里德曼提出了货币供给理论模型，其中有三个主要因素：高能货币 H（基础货币），存款—准备金比率 D/R 和存款—通货比率 D/C，分别代表货币当局行为、商业银行行为和公众行为。货币当局能够直接决定高能货币，高能货币对存款—准备金比率和存款—通货比率有决定性影响。按照弗里德曼的理论，货币供应量显然是由货币当局决定的外生变量。弗里德曼理论体系的重要意义在于通过货币当局对高能货币的绝对控制可以直接有效地传导至产出和价格，由于货币需求函数在长期是极为稳定的，在此情形下货币供给便成为影响经济活动的根本原因。

（五）内生货币供给理论

货币供给的内生思想可追溯至 18 世纪中后期，英国重商主义经济学家詹姆斯·斯图亚特在《政治经济学原理研究》中提出,一国经济活动水平使货币供给量与之相适应。亚当·斯密继承了这一说法,他认为货币是根据流通商品的数量发行的。

银行学派对货币供给内生思想加以发展,代表人物图克和富拉顿都认为,银行是被动的,不能任意增加或减少银行券发行,物价变动才是导致银行券、存款、支票等多种信用形态的通货数量变动的根源。瑞典经济学家米尔达尔将货币供给内生论进一步发展,他在《货币均衡》中提出:作为支付手段的货币,数量同物价水平之间的关系颇为复杂,不是简单地前者决定后者。

马克思从劳动价值论出发,认为在金属货币时代,商品和黄金的内在价值决定了商品价格,又同流通商品数量共同决定了社会的"必要货币量",因此马克思也是货币供给内生理论的支持者。

新古典学派在凯恩斯外生货币理论的基础之上,提出货币供应数量是由经济系统中许多因素变化传导至商业银行和企业,从而共同决定了货币供应量。中央银行对货币供应数量的决定性是相对的,不是绝对的。

(六)货币供应"新观点"

当金融市场和金融中介越来越发达,货币供应"新观点"开始在理论研究中有所反映。1963年,詹姆士·托宾首次提出"新观点"这一说法,相对于传统的货币基数—货币乘数分析法而言,"新观点"更强调商业银行与其他金融机构、货币与其他金融资产的同一性,主张货币供给的内生性。

1. 整体流动性。20世纪60年代,英国货币体系运行委员会提供的《拉德克利夫报告》,其中心观点是:整个社会的流动性对经济已经产生了真正意义的影响,传统的银行机构可贷资金与非银行金融机构提供的资金一并成为提供流动性的重要来源。由中央银行和商业银行控制的货币供给体系受到挑战，整个金融系统对货币供给的影响越来越大，货币当局应当重视。

2. 金融中介论。同一时期，美国经济学家格雷和肖在《金融理论中的货币》中，明确将金融中介机构区分为商业银行和非银行金融机构，并且对应其融资方式不同提出了直接融资和间接融资的概念。格雷和肖一致认为，在信用创造过程中，金融中介机构发挥着类似的作用，银行和非银行机构的资产具有类同性和替代性。货币当局应该重视非银行金融机构的金融资产发售，提高货币政策的有效性需要对非银行金融中介机构进行有效控制。

3. 托宾"新观点"。美国经济学家托宾认为，现代金融体系是竞争性的，随着金融体系的日益发达，银行与非银行金融机构在资产运用、负债经营方面存在交叉，并且有融合趋势。货币与非货币金融资产、银行与非银行的金融机构之间的界限和区别逐渐模糊，货币创造功能已经不是银行机构所独有，银行机构和非银行金融机构只有货币创造能力强弱之分，而无是否可以创造之分。公众对持有货币量的关注淡化，转向关注所有金融资产，并且关注资产结构和收益率，货币金融体系与实际经济活动连接的纽带已经扩展到所有可得的信用。因此，在托宾的理论框架中，货币是内生货币，由货币当局、银行机构和非银行部门在经济体系以内共同决定的，很难由货币当局一方直接控制。

实质上，货币供应"新观点"的提出是金融市场日趋发展和复杂化的结果，观察到金融市场中非银行金融机构日益发达，并且其所提供的金融资产所占市场份额越来越重，发挥作用越来越大。因此,"新观点"打破了原有的银行金融机构在货币供应方面的唯一性,在传统货币供应的基础上,加入了货币供应的新渠道和路径,将非银行金融机构创造的信用和流动性一并纳入"整体流动性"中,形成了西方货币银行理论中的货币供应"新观点"。

(七)传统货币供应乘数模型

货币供给中的信用创造是整个货币银行理论中最核心的部分。[①]对传统货币供应乘数模型进行研究,将为社会融资规模形成中的信用创造模型奠定基础。货币乘数是指货币供应量对基础货币的倍数关系,也叫货币扩张倍数或系数。其中,基础货币的概念是清晰的,是中央银行投放的初始货币,扩张力极强,也叫高能货币,是货币当局的债务凭证。货币供应量的内涵却始终没有统一的界定。传统货币银行学中,西方国家根据货币流动差异将货币分为以下4个层次M0(现金)、M1(M0+商业活期存款)、M2(M1+商业定期存款)、M3(M2+非银行金融机构存款)、M4(M3+银行和非银金融机构以外的短期信用工具)。

20世纪80年代,国际货币基金组织提议货币供应量分为狭义货币(M1)和广义货币(M2)两个层次。2000年公布的《货币与金融统计手册》中,各层次货币包含以下内容:M0=现金;M1=M0+商业银行活期存款+邮政汇划资金+国库接受的私人活期存款;M2=M1+准货币(储蓄存款、定期存款、外币存款、各种通知放款及各种短期信用工具)。2008年后国际货币基金组织为解决金融危机中金融统计暴露出的新问题,

---

① 伍戈、李斌:《信用创造、货币供求与经济结构》,中国金融出版社2014年版,第2页。

经历了较长时间修订，于 2016 年公布了《货币与金融统计手册及编制指南》，将广义货币统计扩展到信用总量和流动性总量。世界各国对本国货币供应量的层次划分也因货币市场发达程度和金融产品的差异性，而有所不同。

我国于 1994 年 10 月颁布了《中国人民银行货币供应量统计和公布暂行办法》，确定货币层次划分并按季公布货币供应量数据。经历了 2001 年将证券公司客户保证金纳入广义货币、2002 年将外资公司的人民币存款纳入货币统计、2011 年将非存款金融机构[①]的存款和住房公积金纳入广义货币后，目前仍在沿用并对外公布的货币供应量层次和统计标准具体如下：

M0 = 流通中的现金（央行资产负债表中的货币发行减去其他存款性公司资产负债表里的库存现金）；

M1 = M0 + 企业活期存款 + 机关、团体、部队存款 + 农村存款 + 个人持有的信用卡存款；

M2 = M1 + 城乡居民储蓄存款 + 企业存款中具有定期性质的存款 + 信托类存款 + 其他存款[②]。

需要特别说明的是，经过多次调整后，我国目前仍然未纳入广义货币供应（M2）的存款项目有外币存款、保险公司存款、各种基金存款、委托存款和地方政府存款等。而这些存款与社会融资规模形成的信用创造路径息息相关，比如委托存款对应的委托贷款科目，这是第四章第二节构建加入统计缺口的信用创造模型的重要基础。

---

① 主要包括信托公司、租赁公司、证券机构、保险机构。
② 其他存款包括应解汇款及临时存款、保证金、财政预算外存款、租赁保证金、证券公司客户保证金（90%）非存款类金融机构在存款类金融机构的存款及住房公积金存款等。

综上，按照货币乘数基本模型，假设中央银行投放基础货币 B，只有中央银行和商业银行两个金融部门，商业银行开展传统的贷款投放业务，利用获得的基础货币投放贷款派生存款，缴纳法定存款准备金后剩余超额准备金又继续放贷的循环过程，不断创造货币，形成广义货币供给 M2。在这个过程中，一部分存款会被支出使用变成现金，一部分继续留存在商业银行体系内流转，其中 SD 是银行全部存款，SC 是全部流动现金。所以，基本货币乘数 k_0 表达式为：

$$k_0 = \frac{M2}{B} = \frac{SD + SC}{B} \tag{2-1}$$

设法定存款准备金率为 λ，每次经信用派生后进入商业银行体系的存款占比为 a，支取现金部分为 $1-a$，经过 n 次贷款投放后，银行存款总和和流动现金总和分别为：

$$SD = \alpha B + \alpha^2(1-\lambda)B + \alpha^3(1-\lambda)^2 B + \cdots\cdots + \alpha^n(1-\lambda)^{n-1} B \tag{2-2}$$

$$SC = (1-\alpha)B + (1-\alpha)\alpha(1-\lambda)B + (1-\alpha)\alpha^2(1-\lambda)^2 B \\ + \cdots\cdots + (1-\alpha)\alpha^{n-1}(1-\lambda)^{n-1} B \tag{2-3}$$

按照等比数列求和公式，得出银行存款总和与流动现金总和分别为：

$$SD = \frac{\alpha}{1-\alpha(1-\lambda)} B \tag{2-4}$$

$$SC = \frac{1-\alpha}{1-\alpha(1-\lambda)} B \tag{2-5}$$

那么代入货币乘数公式，可以化简为：

$$k_0 = \frac{M2}{B} = \frac{SD + SC}{B} = \frac{\frac{\alpha}{1-\alpha(1-\lambda)}B + \frac{1-\alpha}{1-\alpha(1-\lambda)}B}{B} = \frac{1}{1-\alpha(1-\lambda)} \tag{2-6}$$

由公式 2-6 可知，此时货币乘数 k_0 由进入商业银行体系的存款比例 a、法存准备金率 λ 共同决定。为进一步判断如何影响，继续进行求导运算：

$$\frac{\partial k_0}{\partial \alpha} = \frac{1-\lambda}{(1-\alpha+\alpha\lambda)^2} > 0 \qquad (2\text{-}7)$$

$$\frac{\partial k_0}{\partial \lambda} = \frac{-\alpha}{(1-\alpha+\alpha\lambda)^2} < 0 \qquad (2\text{-}8)$$

从求偏导数的结果看，货币乘数 k_0 对流入商业银行的存款占比 a 偏导数大于 0，两者成正比例关系，即当流入商业银行的存款占比越大时，货币乘数就越大；货币乘数 k_0 对法定存款准备金率 λ 导数小于 0，两者成反比例关系，当法定存款准备金率越大时，货币乘数越小。

二、货币政策传导的货币与信用观点

货币政策是货币当局为实现特定的经济目标而采取的影响货币供应量的手段、措施和政策总称。通过一系列货币政策工具和可调控的中介目标，最终使货币政策能够在经济目标的实现上发挥作用，这一系列操作的实现路径和作用机理便是货币政策的传导机制。追溯传导机制的理论起源，18 世纪英国哲学家、经济学家大卫·休谟提出，若货币数量增加首先使得利率下降，较低的利率诱发企业增加投资引起总产出增加，产出的增加又使得利率上升，将这一路径抽象为"货币供应量—利率—投资—产出"，这已经有了货币政策传导机制的雏形。20 世纪 30 年代，凯恩斯明确地提出了货币政策的利率传导机制理论，开启了西方经济学家对货币政策传导机制的关注和研究。

（一）货币观点的不足

按照货币供应的传统观点，传统的货币政策操作工具和中介目标仅关注传统的银行机构可提供的货币供应，即银行机构资产负债表中的负债方，例如活期存款、定期存款等各类存款，这也叫货币政策传导的货币观点。货币观点强调货币负债方在货币政策传导过程中的核心地位，货币价格（利率、汇率、资产价格）和货币数量是政策传导的途径。当货币供应"新观点"提出后，信用供应和流动性供应扩大到整个金融市场及"整体流动性"范畴，"货币观点"理论的缺陷越发明显：

一是对资产方的分类和认识过于狭隘。货币观点的主要特征是将金融资产简单地区分为货币、债券两种，这是很片面的。原因有二：其一，信贷、商业票据、股权和债权等非货币类的金融资产之间差异较大，不能笼统地将其都归为债券；其二，非货币类的金融资产之间并不能完全替代，资产之间的流动性、收益和风险性不同，认为"除货币之外的其他金融资产，在财富持有者眼中是完全可以互相替代的"是极端理想化的观点。二是对资产方信用创造方式的影响认识不清。货币观点认为，银行机构发放贷款和通过购买证券向经济投放资金，对经济的影响是一样。虽然从货币供应量上产生的影响是一致的，但对总支出的影响看，获得贷款的经济主体有更大的可能性将货币用于购买产品和劳务，比出售证券获得资金用于购买的可能性要大。如果将范围扩大至提供"整体流动性"的金融市场，那么多元的信用创造方式和途径对宏观经济的影响将更为复杂。三是对银行从资产到负债的传导路径认识过于理想。货币观点认为，从银行资金供给到资金需求的这一过程是自然而然的，银行发放贷款就创造了货币，增加货币供应量银行就会多发放贷款。当货币增长与银行的贷款增长出现背离时，例如出现货币供应量增长快，而银行贷款增长慢，或者银行贷款快速增长，而货币供应量增速不匹配的情况时，货币观点就无法解释了。

（二）信用观点的优势

20世纪50年代，"整体流动性"理论提出并受到被广泛关注，货币观点的不足也逐步显露，不少经济学家开始转而关注银行机构的资产方，从而形成了货币政策传导的信用观点。

表2-2 金融机构资产负债表

资产	负债
贷款	活期存款
持有证券	定期存款
现金其他	

信用观点的前提和假设是货币政策从金融机构资产方是能够传导的，即货币政策可以影响银行贷款数量，贷款数量进而影响企业和居民的支出。以资产方为传导核心，形成"货币政策—间接融资的负债方（银行）—贷款数量—支出水平"的基本传导路径。

信用观点认为，当货币当局实施某种倾向的货币政策时，比如实施紧缩政策需要回笼基础货币，此时向市场提供收益较高的中央银行债券，企业和居民减少现有存款购买债券，银行存款数量随之减少。从银行机构的资产负债平衡角度，负债方减少，资产方同步减少。当贷款、证券、持有现金等资产方项目（见表2-2）减少时，自然会使依赖贷款、信用的经济主体减少购买和支出，总支出水平和产出水平出现下降。20世纪七八十年代，在基本传导路径的基础上，信用传导观点实现了三个方面的拓展：

一是"货币政策—间接融资的负债方（非银行经济主体）—信用供应—总支出"。以消费者作为经济主体的代表，扩张的货币政策可以使消费者手中代表财富的股票、债券、住房等价格上升，个人财富和可抵押财富估值随之增加，银行贷款可得性增加进而使总支出水平提升。再以企业为例，货币政策倾向扩张，货币供应量增加，可引起利率下降和股票价格上升，企业资产净值受股票价格上升影响也增加。于是，升高的资产净值使企业在申请贷款时更容易获得，因此企业的投资会随着贷款的增加而增加，总支出水平上升。再看非银行金融机构的行为变化，货币扩张可以引起股票、不动产等资产价格上升，使非银行金融机构的资本增加，更充足的资本允许非银行金融机构提供更多的信用供应和货币供应，进而总支出上升。

二是"货币政策—资产流动性渠道—信用供应—总支出"。假设实施扩张的货币政策，充裕的货币供应量会使金融资产（货币、债券、股票等）、固定资产（房屋、土地等）等资产的流动性有所提高。企业和居民在资产流动性较高时，发生财务困难的风险较小，预期信心较强，一方面主动借入资金的可能性大，另一方面资金可得性高，当经济主体资金充裕时就会增加投资和消费，从而提高了总支出。

三是"货币政策—直接融资的负债方（债券融资、股票融资等）—信用供应—总支出水平"。对这一路径最直接的表述便是美国经济学家詹姆斯·托宾的 Q 理论：以扩张的货币政策为起点，货币供应量增加则利率下降，企业股票或债券价格上升。对企业而言，当股票或债券市值上升超过资本重置成本时，即重新购买一套该企业的机器设备、厂房等需要付出的费用，企业发行新股、继续发行企业债券明显有利可图，于是企业股票融资、债券融资额进一步增加，投资扩大引起总支出水平上升。

需要指出的是，货币政策传导的信用观点是经济学家在认识到市场竞争并不充分、信息不对称、信用创造过程并不完善等这些市场运行实际而提出的，其目的是针对不完美的市场环境做出的有益补充，而并不是取代货币观点。如果在金融市场机制健全、竞争充分、信用创造稳定，那么货币观点是可以有效解释整个货币政策传导过程的。

在近几年一些学者的研究结论中，货币政策传导机制的渠道分类有了一些新的提法，Boivinetal（2010）将其分为新古典渠道（传统利率渠道、其他资产价格渠道以及基于动态优化的消费跨期替代效应）和非新古典渠道（基于金融市场不完全的信用传导渠道），并且指出由于金融脱媒导致的利率与信贷供给相关性的减弱，以及央行货币政策工具从数量型向价格型转变导致的私人部门预期形成方式的改变，使得货币政策的非新古典渠道即信用渠道发挥着越来越大的作用。[1]Mishkin（2012）将其分为传统利率渠道、其他资产价格渠道（包括汇率渠道、托宾的Q效应和居民财富效应）和信用传导渠道（包括狭义的银行贷款渠道和广义的资产负债表渠道、现金流渠道、意料之外的价格水平渠道和居民流动性效应渠道）。[2] 不难发现，信用

---

[1] Boivinetal et al, How Has the Monetary Transmission Mechanism Evolved Over Time? *Hand-book of Monetary Economics*, 2010(3):369-422.
[2] Mishkin and Daniel, Tu1663 The Effect of the Third Eye Retroscope (TER) on Additional Adenoma Detection Rates (DR) During Colonoscopy in Above-Average Risk Patients for Colorectal Cancer in a Community Setting, *Gastrointestinal Endoscopy*, 2012 (4):480-481.

传导始终是区别于其他传导渠道的重要传导途径。

20世纪50年代，英国货币系统运行研究委员会对英国的货币和信用系统的运行情况进行了广泛深入的调研，并在《拉德克利夫报告》中提出"整体流动性"理论，即对经济真正有影响的不仅仅是传统意义上的货币供给，而且是包括这一货币供给在内的整个社会的流动性，并且决定货币供给的是包括商业银行和非银行金融机构在内的整个金融系统，货币当局所应控制的也不仅仅是这一货币供给，而且是整个社会的流动性。[1]Gurley等人在1956年首次提出了金融中介机构理论，将金融中介机构分为商业银行和非银行金融中介机构，并指出二者在货币创造上具有相似性，因此货币当局也应当强化对非银行类金融中介机构的监管。[2]此后，Tobin（1963）进一步发展了金融中介机构理论，认为商业银行和非银行金融中介机构在货币创造方面并无本质区别。1988年，Bernanke等人将信贷因素引入IS-LM模型，进而提出了CC-LM模型，研究了信贷渠道对货币政策传导机制的影响。2008年，Morris等人在对金融危机反思的基础上指出，随着直接融资规模的逐步扩张和直接融资工具的不断创新，非银行金融机构对金融市场发挥着越来越重要的作用。[3]2010年，巴塞尔银行监管委员会提出了广义信用的概念，认为广义信用应该既包含传统银行信贷，又包含

---

[1] 刘波、盛松成：《略论拉德克利夫报告中的货币理论》载《金融研究》1985年第11期，第66—68页。
[2] Gurley et al, Money in a Theory of Finance,*The Western Political Quarterly*,1960 (13):812.
[3] Stephen Morris and Hyun song Shin,Contagious Adverse Selection,*American Economic Journal*,2012 (4):1-21.

所有非银行金融机构发行的债务性金融产品。

三、理论启示

回顾货币的产生和演变过程可以发现，货币出现伊始作为交换媒介，在实物货币形态时价值相对稳定，形态具体。关于货币的需求较为单一，对于货币的供应更不复杂，应需求而生。经济学家发现货币发挥组织生产的职能、对物价和经济产生较大影响时，货币供求问题开始复杂化。特别是进入信用货币时代，货币演变为信用符号，它的复杂和抽象程度已远远超越实物货币和金属货币制度下的货币。再加上市场经济已经发展为复杂的体系，货币作为其中非常重要的一环，对货币需求、货币供应、货币调控等关键问题的研究自然衍生出不同的观点。

对社会融资规模的需求，本质上是对货币的需求；社会融资规模的供应，本质上是信用的提供。尤其在信用货币制度下，对货币的需求就是对信用货币的需求，对信用的提供有两层含义：第一是提供金融中介的信用，第二是提供信用货币。所以，社会融资规模的形成是货币需求、信用供给的最终匹配。在社会融资规模形成的理论基础上，关于货币政策传导的"货币观""信用观"是两个极具代表性和说服力的派别。因此，货币和信用两个核心概念，是理解和研究社会融资规模形成和发挥作用的关键。

（一）货币与信用的关系

从古至今，信用侧重相信、信任之意，明代冯梦龙在《东周列国志》中写道："只有司徒郑伯友，是个正人，幽王不加信用。"而鲁迅在《书信集·致李霁野》中也提道："听说未名社的信用,在上海并不坏。"在经济学中,信用是有偿借贷行为。在货物或资金有条件移转过程中,转让人、受让人或者还有中介机构,三方订立契约向受信人有偿转让实物或货币使用权,最终以受信人履约返还实物或货币并附以使用成本,授信和履约最终形成"信用"。在纯粹的货币金融领域,信用是以还本付息为条件的暂时让渡资本的使用权的借贷行为。[①]按照不同主体,可以分为国家信用、企业信用、个人信用等。

类似于自然界关于"先有鸡还是先有蛋"的争论,在货币金融领域,也盛行着"先有存款还是先有贷款""先有信用还是先有货币"的争论。基于这些争论的不同观点,形成了不同学派关于信用和货币问题的研究。

逻辑一:先有货币后有信用。古典经济学派秉持这种逻辑提出了货币和信用的关系:英国经济学家威廉·配第和约翰·洛克认为是货币在分配过程中的不均衡产生了信用,而英国经济学家达德利·诺思和约瑟夫·马西则坚持货币的闲置是信用产生的原因,马西更是深刻地提出货币资本的闲置和对闲置资本的需求导致信用的产生。蔡则祥(1998)提出,商品生产周期不同和社会购买力分布不均衡才引起预付和借贷行为,这是信用产生的基础。货币以实物形式存在时还没有产生信用,信用是在一般等价物作为广义的货币形式出现之后才产生的。[②]该逻辑框架下,塑造出以货币为核心的信用媒介和信用创造学说,也塑造了以货币本身和利率为主要调控对象的货币体系。

逻辑二:先有信用后有货币。在人类社会中,信用早于货

[①] 王文利:《货币银行学》,机械工业出版社2010年版,第18页。
[②] 蔡则祥:《略论信用起源以及与货币的关系》,载南京审计学院学报《货币银行学》教学研究之二1998年第2期,第71—73页。

币数千年产生，而货币在一直寻找其可以固定下来的形式，直至1819年金本位制度首先在英国建立，货币才找到其相对稳定的固定形式。美国经济学家本·伯南克、布鲁斯·格林沃尔德以及诺贝尔经济学奖获得者约瑟夫·斯蒂格利茨都认为，信用创造理论是现代货币供给理论的前身。在此逻辑下，现代货币演变为信用的一种形式，依赖于信用而存在。孔晖（1984）认为，物物交换时期信用就存在了，货币就是从一般信用形式中分离出来的特殊信用形式。[①]

先有货币或者信用只是为研究货币和信用问题抛砖引玉。熊彼特1954年提出过信用的货币理论和货币的信用理论[②]，本书认为，在先有信用后有货币的理论中，信用的内涵与货币银行学中关于信用的定义有偏差。早期对于信用行为的理解是建立在"有借有还"这一行为上，而货币银行领域对信用的定义是"还本付息的借贷行为"，日常经济行为中的信用行为与严格纯粹货币领域的信用行为的区别就在于"付息"。而只有当货币出现之后，利息才有了度量标准和载体，因此本书认为先有货币后有信用是正确的分析逻辑。

实际上，货币和信用的关系是个长期值得研究的问题。在现代信用货币制度下，有时信用和货币很难区分，比如货币的唯一存在形式便是信用货币，背书国家信用，从这个角度看货币就是信用。以金融为核心的信用活动是通过金融市场各种具体的信用行为或形式表现出来，信用活动可以直接创造货币流

[①] 孔晖：《信用起源以及与货币关系的探讨》，载《金融研究》1984年第10期，第35—37页。
[②] Dorfman et al, History of economic analysis, *Political Science Quarterly*, 1954 (69):603.

量，形成货币存量，这个角度看信用就是货币。[①]

而在其他一些研究范畴内，货币与信用的价值又大不相同。从内生性、外生性的角度看货币和信用：货币从长期看具有内生性，主要由经济系统的内部因素和需求决定，而短期看货币受到货币当局调控和商业银行信用创造的影响，又是可调控的具有一定的外生性；而创造信用极具内生性的行为，只有经济主体积极主动地创造信用才能产生新的信用。从传递的信息量看，观察和研究信用扩张可以洞悉经济主体的债务情况，更能前瞻性发现经济中聚集的风险和问题；而观察和研究货币供应，往往得不到预警，次贷危机就是很好的案例。从产出效应考虑，货币就是中性，仅仅是交换的媒介，而信用毫无疑问，不会是中性，因为信用扩张或紧缩对经济有巨大影响。

（二）理论启示

在理论基础和经典文献梳理中，本书深入研究了社会融资规模的形成，从内生性来看，社会融资产生是货币供求和信用创造的直接结果。从外生性看，社会融资规模形成更多的是"应机而生"的结果，是为应对国际金融危机、弥补金融信息缺口而提出的。事实上，社会融资规模的提出是非常超前的，是后来所提出的宏观审慎监管政策的先行军，在日趋完善的宏观审慎监管体系中作用仍然很重要。当跳出相对成熟的货币政策框架后，从宏观审慎角度研究社会融资规模的形成可能会有新的发现。

最后，引用瑞典经济学家克尼特·魏克塞尔在 1898 年出版

[①] 李秀辉：《商品与信用：货币理论的两种本质观——兼论宏观经济学的重建》，载《社会科学文摘》2018 年第 5 期，第 49—51 页。

的《利息与价格》的设想：经济状态是沿着"纯现金经济—简单的信用经济—有组织的信用经济—纯信用经济"这一路径前行的。他对信用经济的认识有开创性的贡献，纯信用经济是完全记账交易体系，货币在经济中完全没有地位，所有交易都依靠"信用"作媒介，影响价格和经济周期的不再是货币，而是信用。[①] 这与本部分的理论启示是相吻合的，当信用经济发展到以上这种极致理想状态时，虽然货币先于信用而产生，但是也很大可能先于信用而消失，因此也体现出货币政策可能不是观察和研究信用规模的理想选择。

---

① 克尼特·魏克塞尔：《利息与价格》，商务印书馆1959年版，第50—77页。

第三节 社会融资规模相关研究回顾

社会融资规模是我国央行首创，目前世界主要国家中也只有中国在使用，2011年在我国央行调查统计司首次提出社会融资规模这一名词，并同步给出了指标定义、统计原则和计算方法，引起广泛关注，所以国内对于社会融资规模的研究始于2011年，研究时间跨度也不长。以社会融资规模为研究主体的代表性研究主要集中在以下方面：

一、金融监管当局对社会融资规模的相关研究

我国央行既是社会融资规模理论的研究部门，也是社会融资规模统计的实践部门。从该理论提出到发展，央行研究者和实践者开展了很多理论性、专业性研究，这些重要的代表性研究主要集中在论证社会融资规模的创新性和适用性，论证社会融资规模与货币政策的密切关系方面。

盛松成（2011）指出，受货币供应"新观点"影响，货币供应口径逐渐扩大，社会融资规模作为代表信用总量的创新型统计指标是国际金融危机后我国货币政策和宏观审慎的新思考，

有较为成熟的理论基础和国际经验借鉴。[①] 吴晓灵（2012）认为，"影子银行"偏离为实体经济服务会创造金融泡沫，社会融资规模作为统计监管是规范"影子银行"活动、维护金融秩序的重要措施。[②] 盛松成（2012）运用随机动态一般均衡模型模拟了社会融资规模在货币政策传导过程中的作用，并得出结论：社会融资规模与利率、产出的相关性较高；利率政策能够有效调节社会融资规模；社会融资规模的变动能够显著影响实体经济。[③] 盛松成（2013）在社会融资规模建立三周年之际阶段性的总结了该指标的主要贡献，指出社会融资规模与广义货币相比，社会融资规模与主要经济指标相互关系更紧密，并存在明显的先行关系。[④] 陈雨露（2016）指出编制社会融资规模，是开展金融业综合统计工作的先行探索和有益尝试，是经济金融形势快速发展的必然要求，它与货币供应从不同维度反映货币政策传导。[⑤] 盛松成（2019）总结了社会融资规模在我国落地生根的原因，包括发达国家注重使用价格型指标、发达国家信用创造情况复杂难统计以及新兴经济国家的实体经济部门对融资需求强烈。[⑥]

---

① 盛松成：《社会融资规模概念的理论基础与国际经验》，载《中国金融》2011年第8期，第41—43页。
② 吴晓灵：《解读社会融资规模加快金融改革步伐》，载《科学发展》2012年第4期，第26—32页。
③ 盛松成：《社会融资规模与货币政策传导》，载《金融研究》2012年第10期，第1—14页。
④ 盛松成：《一个全面反映金融与经济关系的总量指标——写在社会融资规模指标建立三周年之际》，载《中国金融》2013年第22期，第34—37页。
⑤ 陈雨露：《社会融资规模与金融业综合统计》，载《中国金融》2016年第9期，第9—11页。
⑥ 盛松成：《社会融资规模的诞生和发展》，载《中国金融》2019年第1期，第108—111页。

二、对社会融资规模是否可以成为货币政策传导目标的相关研究

除了前期相关定性研究之外,关于社会融资规模能否代替 M2,成为货币政策的中间目标,也是众多专家学者关注研究的焦点,研究结论并不一致。

一种结论是社会融资规模比 M2 对货币政策的传导更有效。张嘉为、赵琳、郑桂环等(2012)通过构建含有银行部门和货币当局的 DSGE 模型,考察了社会融资规模和 M2 在货币政策向实体经济传导过程中的作用大小,得出结论社会融资规模的有效性优于 M2。[①] 刘金全,艾昕(2018)研究证明社会融资规模在经济新常态时期对实体经济的正向效应要强于广义货币供应,因此货币政策要注重定向调控拓宽企业融资渠道。[②] 刘金全、郑获、丁娅楠(2019)研究指出社会融资规模作为中介指标对 CPI 和 GDP 的作用效果都明显好于 M2。[③]

另一种研究结论则相反,认为社会融资规模不适合作为或者独立作为货币政策的中间目标。钟俊(2011)深度剖析了社会融资总量的内涵,指出了其存在的明显缺陷,认为社会融资

---

① 张嘉为、赵琳、郑桂环:《基于 DSGE 模型的社会融资规模与货币政策传导研究》,载《财务与金融》2012 年第 1 期,第 1—7 页。
② 刘金全、艾昕:《新常态下社会融资规模与 M2 背离对实体经济的影响机制分析》,载《当代经济科学》2018 第 5 期,第 21—27 页,第 124—125 页。
③ 刘金全、郑获、丁娅楠:《社会融资规模是一种有效的货币指标吗?——基于 SVAR 模型的实证研究》,载《改革》2019 年第 8 期,第 94—108 页。

规模不能成为货币政策的中间指标,也不能将它作为一个事前的控制指标。[①] 余永定(2011)从银行资产负债表角度研究了货币总量与社会融资总量的变动,认为社会融资总量为内生变量且与通货膨胀无直接关系,并不适合作为央行的控制变量。[②] 张春生、蒋海(2013)研究表明在利率未完全市场化的前提下,M2 仍应作为我国货币政策中介目标,但社会融资规模可作为重要的宏观监测指标。聂彦军(2012)指出了社会融资规模作为货币政策中介目标存在的不足和缺陷,并进行实证分析,提出了改进的政策建议。赵倩(2014)研究了金融与实体经济的背离现象及其原因,提出由于缺乏数据的可控性和可测性,社会融资规模作为货币政策中介目标的客观条件尚不成熟。赵平等(2014)通过实证方法,分析了社会融资规模作为货币政策中间目标的可行性,并与 M2 进行比较,认为社会融资规模应与 M2 共同作为货币政策的中介目标。

三、关于社会融资规模与其他重要经济金融指标关系的相关研究

从研究的时间跨度看,关于社会融资规模与其他重要经济金融指标关系的研究持续最长。无论社会融资规模指标是否可以代替 M2,成为货币政策传导的中介目标,它与其他相关经济金融指标的关系都是十分密切的。同时它在区域经济的研究

[①] 钟俊:《关于"社会融资总量"指标内涵的深度剖析》,载《新金融》2011 年第 11 期,第 9 页。
[②] 余永定:《社会融资总量与货币政策的中间目标》,载《国际金融研究》2011 年第 9 期,第 4—8 页。

中也是很有价值。相关学者主要针对社会融资规模对国民经济增长、对产业结构、区域经济的作用运用不同方法进行了大量研究。

蒋鹏飞（2012）[①]、中国人民银行南昌中心支行课题组（2014）[②]、中国人民银行济南分行课题组（2016）[③]、王振兴等（2014）[④]、盛朝辉（2015）分别以东莞、江西、山东、海南、湖南为例，论证了社会融资规模和结构对地区经济的影响。[⑤] 胡振等（2015）研究认为，我国社会融资规模具有三个特点：一是融资的区域平衡性增强；二是融资的集中度呈下降趋势；三是区域融资结构存在差异，中西部地区对人民币贷款依赖程度高于东部地区，东部地区直接融资比例较高。高嵩（2015）通过构建可变参数状态空间模型，从全国总量和地方视角出发，分析了社会融资结构对实体经济增长及产业结构升级的影响。[⑥] 冉光和等（2015）研究认为基准利率和社会融资规模都会正向

---

① 蒋鹏飞：《信贷投放、社会融资总量与地区经济增长关系研究》，载《上海金融》2012 年第 11 期，第 91—93 页。
② 中国人民银行南昌中支课题组：《江西省社会融资规模与区域经济发展的可适性研究》，载《海南金融》2012 年第 11 期，第 91—93 页。
③ 中国人民银行济南分行课题组：《地区社会融资规模与区域经济发展的可适性研究——以山东省为例》，载《金融发展研究》2016 年第 9 期，第 29—36 页。
④ 王振兴、郑其敏：《区域社会融资规模与实体经济发展关系研究——以海南省为例》，载《海南金融》2014 年第 3 期，第 69—73 页。
⑤ 盛朝辉：《社会融资规模与区域经济发展关系研究——基于湖南经济发展的实证分析》，载《武汉金融》2015 年第 3 期，第 58—61 页。
⑥ 高嵩：《社会融资结构对实体经济及产业结构升级的影响》，天津财经大学 2015 年硕士学位论文。

促进经济增长。① 唐婍婧等（2017）对社会融资规模与全要素生产率的关系进行实证研究，并且发现社会融资规模的提升对于全要素生产率的提高具有显著的促进作用。② 卢灿生等（2018）运用向量自回归模型对社会融资与国民收入的相互关系进行分析，结果显示，社会融资和国民收入存在着长期的正向均衡关系，社会融资对国民收入的促进效果呈现先扬后抑的态势，且社会融资对国民收入的贡献呈现累积增加的效应。③ 许光建等（2019）分析了货币政策对实体部门融资规模和结构的影响，得出结论是货币政策在新时期对实体部门融资的作用取决于信贷融资、债券融资和股票融资替代效应的变化。④

四、关于统计数据质量的相关研究

社会融资规模从根本上说是一项金融统计指标，在创设之时就随之形成了相应的统计制度，本章第一节已对其统计构成、编制原则等关键问题作了阐述。对统计指标的一项关键性评价，就是其数据质量的好坏，这直接决定了依赖该指标数据得出的相关结论、所作的相关决策的准确性、合理性和科学性。因此，在相关研究整理中，本书也对数据质量方面相关文献进行了

---

① 冉光和、陈娟、张冰：《基准利率、社会融资规模与实体经济增长》，载《工业技术经济》2015 年第 2 期，第 41—47 页。
② 唐婍婧、韩廷春：《金融发展对全要素生产率的影响——基于社会融资规模的视角》，载《经济与管理研究》2017 年第 6 期，第 23—34 页。
③ 卢灿生、谢圣远：《社会融资规模与国民收入联动性的实证检验》，载《统计与决策》2018 年第 11 期，第 153—156 页。
④ 许光建、许坤、卢倩倩：《货币政策、社会融资结构与实体经济发展》，载《山西财经大学学报》2019 年第 1 期，第 1—16 页。

整理。

从统计数据质量的概念内涵看，Dalenus（1983）指出，统计数据质量的评价向量应包括：准确性、经济性、保密性、相关性、时效性和数据详细程度等。[①]Gordon Brackstone（1999）提出统计数据质量包含六个维度：相关性、准确性、及时性、可取得性、可解释性和一致性。[②] 政府机构对统计数据质量也有不同的判断标准，英国政府统计局规定统计数据需要准确、及时、有效和客观，加拿大统计局提出了判断数据质量的6个标准，包括实用性、准确性、及时性、可获得性、衔接性和可解释性。[③] 国际货币基金组织（IMF）评价统计数据质量的标准同样是权威性、适用性广的国际通用统计标准，具体包括：准确、可靠、可获得、适用、确保诚信和方法健全。[④]

我国的统计数据相关标准与国际接轨始于2002年，我国正式加入国际货币基金组织（IMF）的数据公布通用系统，这标志着我国统计数据在公开发布方面与国际标准实现对接。国内学者结合我国统计实践，也在持续开展研究，余芳东（2002）研究指出统计数据质量的评价标准包括适用性、准确性、可解释性、相关性、可比性等，并特别指出减轻调查人员的工作负

---

① Dalenius,*Errors and other limitataions of survey*,*Statistical Methods and the Improvement of Data quality*,London:Academic Press Inc,1983.
② Gordon Brackstone,Managing data quality in a statistical Agency,*Survey Methodology*,1999 (2):139-149.
③ 曾五一：《国家统计数据质量研究的基本问题》，载《商业经济与管理》2010年第12期，第72—76页。
④ 陈飞：《基于用户满意度测评的统计数据质量评价研究》，厦门大学2011年硕士学位论文。

担也是一项重要标准。① 刘洪等（2009）认为数据质量要准确、完整、客观，具有可说明性和有用性，同时也要使数据使用者有满意度以及数据使用操作简单高效等②。

对我国政府统计实践，不少外国学者也给予了广泛关注。个别年份各省 GDP 数据加总大于全国 GDP 总数，2009 年上半年收入增速"被增长"③，关系社会民生的统计数据与居民直观感受差异较大。张家品（2019）以安徽省为例，指出 2019 年铜陵、合肥等市的经济普查问题类案件被国家统计局督办。④

随着信息和大数据时代的到来，我国政府统计工作面临的调整和压力越来越大，一方面是海量数据的产生给统计工作带来的巨大压力，另一方面自媒体时代社会和公众舆论的参与和监督给政府统计带来的巨大挑战。黄恒君（2019）研究了统计生产中的大数据源及其数据质量问题，进而提出了将大数据融入传统的调查统计体系，大数据与传统统计融合应用的发展思路。⑤

---

① 余芳东：《外国统计数据质量的涵义、管理以及对我国的启示》，载《统计研究》2002 年第 2 期，第 26—29 页。
② 刘洪、黄燕：《基于经典计量模型的统计数据质量评估方法》，载《统计研究》2009 年第 3 期，第 91—96 页。
③ 2009 年 7 月，国家统计局公布上半年统计数据，全国城镇单位在岗职工平均工资收入同比增加 12.9%，高于增速同期经济增速 5.8 个百分点。
④ 张家品：《政府统计数据质量优化研究》，安徽大学 2019 年硕士学位论文。
⑤ 黄恒君：《政府统计生产体系中的大数据融入探讨——基于数据源与数据质量的分析》，载《统计研究》2019 年第 7 期，第 3—12 页。

五、研究评述

通过对以社会融资规模为研究主体的相关研究回顾，本书发现相关研究的视角主要集中在货币政策框架和效果下，对社会融资规模开展研究，研究内容主要集中在社会融资规模对宏观经济、区域经济、产业经济增长作用机制上。

本书认为社会融资规模是为防止金融危机、完善信用总量统计而创立的金融统计指标和金融统计制度，是我国整个宏观审慎监管框架的重要组成部分。从宏观审慎监管或者宏观经济管理更高层面对社会融资规模开展研究，是很有意义的观察视角，而且与货币政策视角相比，也是全新的研究视角。

在宏观审慎监管框架下，需要围绕宏观审慎监管关注的重要方面，如：识别和防范系统性风险、逆周期调节、维护金融稳定、防范金融对实体经济的溢出效应等与社会融资规模的关系开展研究。那么，将社会融资规模的形成机制与宏观审慎结合起来，将社会融资规模的产出效应与宏观审慎的关注重点结合起来，将社会融资规模反映出的融资风险与宏观审慎结合起来，将使本书的研究内容与在货币政策框架中研究社会融资规模有较大的不同和创新。

根据社会融资规模的统计属性，社会融资规模能否作为国家宏观调控和宏观审慎监管的重要依据，关键在于其统计数据质量的好坏。对照世界主要国家和国际组织的评价统计数据质量的普遍标准，本书发现虽然社会融资规模的统计制度在不断调整和完善过程中，但是在数据准确性和可获得性等方面仍然存在一些缺陷，那么这些数据质量问题对于依据社会融资规模数据所得到的结论和相关决策行为是否有影响？影响程度如何？这些问题的发现也为本研究提供了有益的启发。

第四节 宏观审慎管理相关研究回顾

一、宏观经济管理的相关研究

（一）宏观经济管理框架

宏观经济管理是一门宏大的学科，框架层次明晰，内容丰富。许多专家学者在宏观经济管理框架下对其不同方向开展了一些研究，例如对宏观经济管理的目标制定、宏观经济监测与预警、总量与增量问题、经济增长与决策、投资管理、消费管理等。江勇（1996）对宏观经济管理定义为政府及其管理机构代表全体人民的意志和利益，遵循客观经济规律要求，为实现预期经济发展目标，采取经济的、法律的、行政的手段和措施，对宏观经济的总体运行和相应的经济总量变化，进行计划、指挥、组织、协调、监督和控制的管理过程，简而言之，宏观经济管理就是政府对整个宏观经济进行的全局性和综合性的管理。[①] 周世廉等（2013）将宏观经济管理概括为国家对国民经济总体发展及其总量变化进行计划、组织和调控的活动行为。[②] 宏观经济管理过程中，由计划、财政、金融等部门管理制度有机结合形成了统一的管理体制。其最基本任务有两项：一是追

---

① 江勇：《宏观经济管理学》，武汉大学出版社1996年版，第11—16页。
② 周世廉、李一鸣、刘军：《宏观经济管理概论》，西南财经大学出版社2013年版。

求宏观经济重要方面的基本平衡,这包括社会总供给和总需求、生产结构和需求结构、价值和实物平衡。二是追求国民经济持续、快速、有序、健康发展。除基本任务外,在宏观经济管理过程中还形成了一系列具体任务,例如长期任务、短期任务、总量任务、增量任务等。

在国外研究中,很少能找到直接对应宏观经济管理的研究,因为资本主义经济体制,更多地关注和研究的是国家干预,这与社会主义体制的宏观经济管理较为相近。从国家干预理论演进可以分为以下三个阶段:

一是国家干预初期,也是资本主义的萌芽期,此时资本主义发展不成熟,这一时期的国家干预主要是政府扶持与帮助,因此政府积极干预的重商主义应运而生。重商主义思想产生并盛行于15—17世纪的欧洲,欧洲殖民主义的对外扩张带来了对外贸易的繁荣并带来了财富,商业资本力量开始认为,在国际贸易中的顺差行为是获得财富的重要途径,货币就是财富。重商主义认为国家应该主动干预经济,获取财富。托马斯·孟、蒙克莱田等人从国内商业保护的角度,提出国家应该对经济进行积极且主动的干预,实行国家贸易保护主义,禁止金银输出和增加金银输入。①

二是国家干预中期。20世纪30年代世界经济危机爆发后,凯恩斯主义的观点受到关注,对于经济危机的出现凯恩斯认为导火线是供给过剩、有效需求不足引起的供需失衡。在《就业、利息与货币通论》中系统地论述了国家需要干预经济的观点和主张,依靠国家实行相关的财政政策或货币政策作用于市场经

---

① 托马斯·孟:《英国得自对外贸易的财富》,商务印书馆1981年版。

济可以预防危机。① 在第二次世界大战以后的西方资本主义国家基本都完成了完全放任经济到国家干预经济的转变。

三是国家干预后期。20世纪80年代以后，资本主义国家又开始面临严重的经济萧条，增长率下降和失业上升、财政收支恶化相互交织。国家干预和市场竞争相结合的管理机制开始兴起。新古典学派代表人物约翰·希克斯、保罗·萨缪尔森等关注到宏观经济中的微观主体，他们认为宏观经济需要干预，微观主体需要放任。②③ 新凯恩斯主义继承了旧凯恩斯主义关于货币市场地位的观点，主张政府应该实行宏观干预。另外，集合了新古典学派观点，结合宏微观构建新凯恩斯主义的微观基础、理性预期等，形成了新综合。④ 在国内文献中，大多数学者关注国际国内经济形势变化对宏观经济管理工作的影响。在我国宏观经济管理注重需求管理，而且管理效果不理想。李义平（1999）对需求管理和供给管理模式对我国经济发展的现实意义做了讨论，认为凯恩斯的需求管理政策在我国宏观经济管理中的适用性下降，而是要从产品供给和制度供给两方面进行供给管理。⑤ 朱平壤（2001）认为宏观经济管理与政府经济管理是有区别的，宏观经济管理更应关注其经济根源、管理职能运作和经济杠杆作用，特别是经济

---

① 约翰·梅纳德·凯恩斯：《就业、利息和货币通论》，中国社会科学出版社2009年版。
② 约翰·希克斯：《价值与资本》，商务印书馆1982年版。
③ Paul A.Samuelson, *Economics*, McGraw Hill,1998.
④ 罗慧如：《大数据时代的宏观经济调控及政策优化》，广东财经大学2016年硕士学位论文。
⑤ 李义平：《需求管理和供给管理——宏观经济管理的两种模式及其理论基础》，载《中国工业经济》1999年第12期，第11—15页。

杠杆作用机制非常复杂，需关注杠杆政策使用后实际的乘数效应。①原毅军（2001）关注我国改革开放以后经济系统复杂性变化对宏观经济管理的影响，并提出借助信息技术搜集宏观经济管理信息、简政放权、规范管理，提升宏观经济管理的有效性。②余永定（2007）通过回顾亚洲金融危机教训和关注2007年东亚地区资产泡沫现象，得出健康金融体系是经济稳定的保证等三个结论，并且观察到当时中国宏观经济管理中的货币当局面临保持汇率稳定、紧缩货币政策和商业银行盈利等困境。③郝身永（2015）也提出在当时的国内外经济形势变动下，宏观经济管理在不忽视需求侧的同时，需更加关注供给侧。④

（二）宏观经济管理中的经济增长与增长决策

我国古汉语中"经济"一词有经国济世之义，古希腊流传下来第一部提及经济的文献是色·诺芬的《经济论》，其中提到了家庭财富的性质与来源。关于经济增长的动因研究，目前世界范围内的研究影响较大的主要是两大学派，即古典经济增长理论和现代经济增长理论。

古典经济增长理论。产生于16—17世纪，流行于18—19世纪之初，初步建立了经济增长的静态研究框架。以第二次世

---

① 朱平壤：《论宏观经济管理的若干特点》，载《管理世界》2001年第1期，第46—51页。
② 原毅军：《经济系统复杂性对宏观经济管理的影响》，载《科学学与科学技术管理》2001年第5期，第38—41页。
③ 余永定：《亚洲金融危机的经验教训与中国宏观经济管理》，载《国际经济评论》2007年，第5—8页。
④ 郝身永、那艺：《更加关注供给侧的宏观经济管理》，载《当代经济管理》2015年第4期，第1—5页。

界大战前后为分界线,现代经济增长理论开始发展流行,与古典经济增长理论相比,现代经济增长更关注系统性的、技术性的因素对经济增长的影响,看重动态过程的经济增长。

现代经济增长理论。在经历了第一次世界大战和20世纪30年代世界性经济危机的重创之后,西方经济学者研究的重心重新转移到经济增长问题上来。现代经济增长理论的开端是罗伊·哈罗德和埃弗塞·多马分别在各自论文中和书籍中提出了储蓄率影响经济增长的数理模型,统称为哈罗德—多马模型。

哈罗德经济增长模型

该模型有三个假设:全社会只生产一种产品,只投入劳动和资本,规模报酬不变;储蓄是国民收入的函数(储蓄率外生给定),$S_t = sY_t - I$(S是总储蓄,t是时间,s是储蓄率,Y是国民收入);不存在技术进步和资本折旧,即每年的新增资本是资本存量的增加,$I_t = K_t$(I是投资,K是资本)。

模型提出资本—产出的概念,$v = dI/dY$。投资对经济增长的影响由资本—产出比决定,$I_t = v(Y_t - Y_{t-1})$(v是常数)。按照凯恩斯总供给=总需求的经济均衡条件,此时储蓄等于投资,$S_t = I_t$。最后,得出哈罗德长期增长路径:

$$G = \frac{Y_t - Y_{t-1}}{Y_{t-1}} = \frac{s}{v}$$

哈罗德模型表明,收入增长的速度是稳定的,只要储蓄等于投资的条件始终成立,那么收入就可以有保证地增长。

多马经济增长模型

该模型与哈罗德模型的前提假设类似,模型设定首先从总供给的角度,认为潜在产出的增长由投资量和潜在的社会平均投资生产能力决定，即：$\frac{dY_p}{dt} = \sigma \cdot I$（$Y_p$ 是潜在总产出，$\sigma = \frac{Y}{K} = \frac{1}{v}$ 代表潜在的平均投资生产力）

从总需求的角度，仍然是遵循凯恩斯的理论 $Y = c + i$，求时间全微分整理得：

$$\frac{dY}{dt} = \frac{(1/s)dI}{dt}$$

按照供求均衡状态进行求解，对等式进行积分继续化简求解，得到多马模型的最终形式：$Y_t = Y_0 \cdot e^{t(\frac{s}{v})}$（其中 s/v 也是有保障的增长率）

由此可得，哈罗德模型和多马模型本质上都是表达了收入是有保证增长的，所以统称为哈罗德—多马模型。该模型因为有严格的前提假设，也被称为刀刃上的均衡。只有在有保证的经济增长率等于实际经济增长率等于充分就业时的经济增长率时，经济增长的路径才是稳定的。而哈罗德等人也承认，这三个增长率只有在极其巧合的情况下才能相等，因此资本主义经济增长的本质是不稳定的。[1][2]

为探索资本主义稳定增长的条件，索洛、斯旺在对哈罗德—多马模型进行修正的基础上，形成了新古典经济增长理论，也叫作外生增长理论。

索洛—斯旺经济增长模型

该模型由美国经济学家罗伯特·索洛和英国经济学家斯旺

---

[1] Harrod, An Essay in Dynamic Theroy, *The Econominc Journal*, 1939(193): 14-33.

[2] Donar Evsey, Capital Expansion Rate of Growth and Employment, *Econometrica*, 1946(14): 137-147.

提出，1987年获得诺贝尔经济学奖，又称为新古典经济增长模型，奠定了新古典经济增长理论的基础。认为经济增长过程为资本积累过程，决定资本积累的是投资的收益率。模型假设如下：

一是考虑封闭经济体，只生产一种产品可用来消费也可用来投资，不考虑净出口、政府购买，忽略波动等。二是储蓄全部用来投资，即$I=S$，最终总产出等于生产要素的总收入。三是关于生产函数的假设：

① 函数形式：$Y(t)=F[K(t),A(t)L(t)]$，其中K为资本投入，A为知识投入或者劳动效率，L为劳动投入，Y为最终产出。技术进步是外生给定的，折旧率δ是外生给定的固定比例。

② 规模报酬不变，即$F(cK,cAL)=cF(K,AL)$，包含两层含义：一是经济体足够大，以致不存在专业化收益；二是相对来说，如土地等其他投入不太重要。

③ 定义：人均资本的有效劳动$k=K/AL$，人均产出的有效劳动$y=Y/AL$，$f(k)=F(k,1)$转化为人均状态，因此有$y=f(k)$；$f(0)=0, f'(k)>0, f''(k)<0$，表明资本的边际产品为正，但随着资本的增加而递减。

④ 稻田条件：资本或者劳动趋于零时，边际产品趋于无穷大，反之资本或劳动趋于无穷大时，边际产品趋于零，这样便可以保证经济增长的路径是不发散的，即$\lim_{k \to 0} f'(k)=\infty, \lim_{k \to \infty} f'(k)=0$。

四是投入要素的假设：劳动和知识以固定速度增长，储蓄率和折旧率都是外生给定的。

基于上述假设，索洛模型的基本表达式如下：

人均生产函数：$y=f(k)=F(k,1)$

人均消费函数：$i=sy$（投资与产出成正比）

投资函数：$i = sf(k)$

推导出模型的核心表达式，关于资本 K 的动态方程：

$$dk(t) = sf[k(t)] - (n + g + \delta)k(t)$$

该方程表示，每单位有效劳动平均资本存量的变动率等于每单位有效劳动的实际投资减去持平投资，而持平投资是为了保证资本存量必须进行的一些投资，包括有效劳动的增长和弥补折旧。[1][2]

索洛模型的贡献和意义在于，看重人均收入的增长，所有影响产出增长的因素最终归结为资本（包括物质和人力）和技术进步，强调市场机制在经济增长中的重要作用。因此，从经典经济增长模型的推导看，资本是非常重要的经济增长动因之一。

（三）宏观经济管理中的经济增长与金融投入

随着社会分工专业化程度逐步加深，金融作为专业服务部门，越来越被宏观经济管理所重视，以货币政策为主要抓手的货币调控与财政调控共同支撑了宏观经济调控手段。20世纪五六十年代以来，在"帕特里克之谜"的钻研和解读中，形成了金融结构理论、金融抑制和金融深化理论、金融功能观等一系列解释现代金融和经济增长关系的观点。

金融发展理论萌芽和起源。较早的融资思想产生于公元前4世纪，古希腊经济学家色·诺芬就在《经济论雅典的收入》中提出了建立"基金"的思想，公民以自愿出资的方式支持国

---

[1] Solow, A Contribution to the theory of Economic-Growth, *The Quarterly Journal of Economics*, 1956 (1):1.

[2] Swan, Economic Growth and Capital Accumution, *Economic Record*, 1956(2):334-361.

家建设，并按照捐献金额获得相应的利息收入。[①]18 世纪古典经济学派亚当·斯密指出银行活动可以增进产业发展，在一定程度上揭示了银行和经济增长的关系。[②]1966 年，美国经济学家休·帕特里克在《欠发达国家的金融发展与经济增长》中把金融发展与经济增长的关系分阶段进行了研究：在经济开始增长的起步时期，金融投入引导经济增长，在经济进入快速增长时期，经济体内部各种要素、各部门之间的关系更加复杂，此时内部摩擦会进一步催生金融需求，并刺激金融业本身发展。帕特里克经过论证认为两者的因果关系可能存在三个方向：金融发展导致经济增长，经济增长导致金融发展，二者互相影响互为因果。[③]正是因为不确定结论，该研究被称为"帕特里克之谜"。这种"抛砖引玉"的结论形式引发了其他学者的关注和思考，使其成为金融发展的理论之源，后期的理论演进围绕着"帕特里克之谜"进行了更为深刻和复杂的拓展。

金融发展理论的再研究。经济学家雷蒙德·戈德史密斯是金融结构理论的代表，1969 年在《金融结构与经济发展》中提出金融规模扩大不是金融发展的全部，金融结构的变化才是金融发展核心的创新性理论。他把金融结构定义为一国现存的金融工具和金融机构之和，并给出了定量指标金融相关性比率（FIR），用金融资产总量与国民产出之比来度量，所有不同类

---

① 色诺芬：《经济论雅典的收入》，商务印书馆 1961 年版。
② 亚当·斯密：《国富论》，商务印书馆 2014 年版。
③ Patrick,Financial Development and Economic Growth in Underdeveloped Countries, *Economic Development and Cultural Change*,1966(14):174-189.

型的金融机构发展的内在路径便是提高金融相关性比率。① 戈德史密斯的金融结构理论，得出金融发展能够促进经济增长的机理是金融中介机构通过动员储蓄、吸收大众存款的方式，汇集社会闲置资金，为有资金需求的社会投资者分配资金实现投资机会，这个过程提高了经济体系的整体投资效率，实现了经济增长。

金融深化理论。20世纪70年代，美国发展经济学家罗纳德·麦金农首次提出了"金融抑制"会对经济发展产生严重阻碍这一观点。把发展中国家作为研究对象，麦金农将金融资产单调、金融机构和工具形式单一、金融管制过多等现象总结为"金融抑制"，具体还有：以大城市和经济发达地区为中心的现代大型金融部门和以落后农村为中心的钱庄等传统金融部门并存；直接融资市场极其落后，主要是为政府融资服务，企业资金来源主要靠自我积累和银行贷款；过分依赖外国金融市场和外国资本；金融管制严格，资产价格扭曲，实际利率被压低，本国货币币值被高估等。设置利率上限和信贷规模配等手段会使经济发展受到阻碍，金融抑制会产生负的收入效应、负的储蓄效应、负的投资和就业效应。② 几乎与麦金农同时，美国经济学家爱德华·肖在《经济发展中的金融深化》中也指出为消除发展中国家存在的"金融抑制"，需实施金融深化或者金融自由化政策，运用金融部门的市场机制进行金融资产定价，有效地控制通货膨胀。肖提出了金融深化的量化指标，比如金融资

---

① Goldsmith,The Quantitative International Comparison of Financial Structure and Development, *The Journal of Economic History*, 1975 (1):216-237.
② Ronald I. Mckinnon,*Money and Capital in Economic Develop*,Brookings Institution,1973.

产的存量和流量，金融体系的规模和结构，金融资产的价格等，通过一系列优化金融深化指标的政策消除金融抑制，促进经济增长。

金融约束理论。与金融自由化不同，金融约束理论是金融发展一个新的框架。托马斯·赫尔曼、凯文·穆尔多克和约瑟夫·斯蒂格利茨在《金融约束：一个新的分析框架》中从信息不对称视角提出了金融约束论，他们认为由于金融自由化假设完全竞争市场的均衡很难实现，结合东南亚发展中国家在金融深化政策实施后并未得到理想的效果，他们支持政府采取较温和的金融管理，选择性采用干预政策，如限制存贷款利率、限制市场准入、限制资产替代等，为金融部门和生产厂商创造租金，促进经济增长。金融温和管制需要稳定的宏观经济环境，较低并且可控的通货膨胀率，可实现比金融完全自由化更优的政策效果。金融约束理论比金融自由化理论更接近现实经济的发展需求。

二、宏观审慎监管的相关研究

（一）宏观审慎监管的发展脉络

从宏观审慎的发展脉络看，20世纪70年代末，库克委员会在一次国际银行贷款期限转换讨论中，首提了"宏观审慎"这一概念，主要表达了需要从金融体系整体来进行金融监管的理念。1986年，在《国际银行业新近创新报告》中将宏观审慎政策定义为广泛的金融体系和支付机制的安全与稳健。

接下来，直到1997年的亚洲金融危机爆发，宏观审慎开始引起金融监管部门的广泛重视。1998年，在国际货币基金组织

《建立一个健全的金融体系》报告中，同时提出了有效的银行监管包括微观审慎和宏观审慎两个方面，宏观审慎通过了解宏观信息，关注重要的金融中介、资产市场、实体经济发展和潜在失衡的现象。2000年，对宏观审慎监管的理解具有里程碑意义的是国际清算银行 Andrew Crockett 对微观审慎和宏观审慎监管的比较研究，Crockett 总结了宏观审慎的两个显著特点。一是着眼于整个金融体系的宏观风险，目的是降低金融市场萧条给实体经济带来的损失；二是关注金融机构集体行为在金融体系风险中的积累作用，机构间的风险传递以及银行体系的运营与宏观经济间的影响不可忽视。

  2008年金融危机之后，宏观审慎监管在国际范围内受到空前重视，国际货币基金组织（IMF）2011年发布的《宏观审慎政策——一个组织框架》中提出，宏观审慎政策框架应该包含三个关键因素：制度性框架、操作工具组合和识别监测系统性风险框架。① 当然，国际清算银行（BIS）、金融稳定理事会（FSB）等很多国际组织也对宏观审慎进行了深入研究，世界各国相继建立了宏观审慎监管框架。美国通过立法方式改革金融监管，从宏观审慎角度出发制定多项措施防御系统性金融风险，设立金融稳定监督委员会（FSOC）发挥宏观审慎监管职能，2011年美联储公布了一揽子的银行业监管规则，对大型银行、系统性重要非银行金融机构提出了更严监管要求。

  次贷危机之后，宏观审慎的理论与实践在中国逐渐开展。2011年时任央行行长周小川于发文诠释了对宏观审慎框架的形

---

① Andrew Crockett, *Marrying the micro and macro-prudential Dimensions of financial stability*, BIS Speeches, 2000（9）.

成、内容和逻辑,奠定了我国宏观审慎监管改革的理论基础。该文指出国内外的金融监管部门推动宏观审慎框架形成在一定程度上受到了 2008 年金融危机的影响,指出宏观审慎监管应包含关于资本的一系列要求,同时对流动性的风险监管提出了全新的准则。该文的重要意义在于促使系统性风险以及资本和流动性的相关研究逐步纳入宏观审慎的研究框架之下。①2010 年,中国央行正式在深圳等地开展金融业综合统计试点;2011 年起正式发布社会融资规模增量数据,正式建立起社会融资规模统计体系和监测框架;2017 年正式设立国务院金稳委,并在人民银行内部组建了宏观审慎管理局,银监会和保监会合并为银保监会。结合我国金融发展实际并借鉴其他国家经验,我国宏观审慎监管框架在制度完善、机构设置、系统性风险监测等方面进行了有益探索。

(二)宏观审慎监管的重点内容

随着宏观审慎框架在世界各国的逐步搭建,国内外对于宏观审慎的相关文献研究重点出现了转移,很多专家学者主要集中在基于现有宏观审慎框架的基础上相关因素的关联性和比较性研究,以及如何改进提升宏观审慎监管。

在与相关政策协同方面,不少学者将宏观审慎监管与货币政策的比较和关联作为研究重点。国外方面,2014 年时任美联储主席耶伦在国际货币基金组织的讲话中提出,宏观审慎政策定位于控制信贷增长,是货币政策的有益补充,更为政策制定提供了更大的操作空间,将宏观审慎政策与货币政策相结合

---

① 周小川:《金融政策对金融危机的响应——宏观审慎政策框架的形成背景、内在逻辑和主要内容》,载《金融研究》2011 年第 1 期,第 1—14 页。

是宏观经济管理的首选方式。① De Paoli 等（2013）研究表明，宏观审慎与货币政策协调有可能提高福利水平，难度在于两种政策协调性框架的确定。Suh（2014）认为宏观审慎政策可有效稳定信贷，对通胀影响有限，货币政策可以稳定通货膨胀，但在控制信贷上有效性较差，两者各具优势，有必要优势互补。Nier 等（2016）也对货币政策与宏观审慎政策的关系进行了讨论，得出货币政策的调控过程中也会对金融稳定产生影响、宏观审慎政策调控过程中也会对价格稳定和经济增长产生影响的结论。国内方面，陈雨露等（2012）认为宏观审慎与货币政策组合不仅可以稳定宏观经济和金融体系，还可以解除单一政策的多目标困境，但是在实操中可能会存在政策冲突或叠加问题，政策协调具有重要意义。② 王爱俭等（2014）应用 DSGE 模型分析了宏观审慎政策与货币政策关系，结论是宏观审慎监管的资本要求有效，对于熨平金融冲击有良好效果；宏观审慎与货币政策搭配在经济波动较大时协调效果最好。③ 方意等（2012）从风险承担的角度探讨了货币政策和宏观审慎政策的协调问题，资本监管有利于抑制银行的风险承担，消除宽松货币政策带来的不利影响；货币政策与宏观审慎政策之间是互补还是替代，取决于宏观经济环境和银行的资本充足水平。程方楠等（2017）研究指出宏观审慎与货币政策应优势互补，合理调配政策方向、

---

① Yellen, *Monetary Policy and Financial Stability Michel Camdessus Central Banking Lecture at the International Monetary Fund*, https://www.federalreserve.gov/newsevents/speech/yellen20140702a.htm, 2014.
② 陈雨露、马勇：《宏观审慎监管：目标、工具与相关制度安排》，载《经济理论与经济管理》2012 年第 3 期，第 5—15 页。
③ 王爱俭、王璟怡：《宏观审慎政策效应及其与货币政策关系研究》，载《经济研究》2014 年第 49 期，第 17—31 页。

力度，避免政策出现冲突或叠加。①

也有学者关注宏观审慎政策的实施规则。与货币政策类似，Fic（2012）研究认为宏观审慎政策按规则行事能够减少人为因素干扰，增加决策过程透明度，有助于帮助公众理解政策。Agur等（2013）提出经济处于正常状态时，使用基于规则的宏观审慎基准政策；而经济处于突变时刻可基于相机抉择规则实施宏观审慎监管政策的时变部分。叶文庆（2013）对中央银行在宏观审慎监管中的职能定位进行了深入分析，在对各国宏观审慎监管机构设置与改革分析的基础上认为央行应当成为宏观审慎监管的核心。②张亮等（2018）在对英德日三个国家比较分析的基础上对中国宏观审慎监管框架的完善提出了政策建议。研究认为借鉴各个国家的实践经验，应当建立央行、财政部和金融稳定部门三足鼎立的宏观审慎监管框架，尤其是财政部门的作用不容忽视。③

三、研究评述与理论启示

对宏观经济管理的相关文献进行回顾，虽然在不同经济发展时期宏观经济管理关注和研究的重点不相同，但国内宏观经济管理的内容与经济面临形势关联紧密，主要是以解决当时经

---

① 程方楠、孟卫东：《宏观审慎政策与货币政策的协调搭配——基于贝叶斯估计的DSGE模型》，载《中国管理科学》2017年第25（01）期，第11—20页。
② 叶文庆：《中央银行的宏观审慎监管角色定位：争议与实践》，载《江西社会科学》2013年第6期，第158—163页。
③ 张亮、周志波：《完善中国宏观审慎金融监管框架研究——基于德英日三国的比较分析》，载《宏观经济研究》2018年第2期，第30—43页。

济面临的困难和问题为出发点开展相关研究。因此，结合社会融资规模产生发展的背景，宏观审慎监管是与宏观经济运行形势密切相关的热点和重点。可以说，宏观审慎监管是宏观经济管理框架中有针对性的管理分支，针对金融系统与经济关系的一种更具体的监管理念和模式。

梳理宏观经济管理框架中关于经济增长和金融投入的相关文献，可以发现，资本无论是在古典经济增长理论、现代经济增长理论中，都是经济增长的动因。而具体到金融投入，无论在金融发展、金融深化、金融结构还是金融约束理论中，对经济增长都是存在作用的，只是作用机制、作用方向随着经济发展阶段和金融投入程度的变化而有所不同。那么，从宏观审慎监管的视角下，金融发展对实体经济是否有溢出效应，选择适当的研究方法从社会融资规模出发，可能会得出不一样的结论。

最后，梳理宏观审慎监管的发展脉络和相关研究，对于宏观审慎管理虽未有明确的定义，但是在其管理目标上，弥补信息缺失、全面掌握信用总量、防范系统性金融风险、防止金融对实体经济的溢出效应都是宏观审慎管理的重点。现有的研究集中在监管框架改进、监管工具效果评估和选择等方向，而对"应机而生"的社会融资规模鲜有研究。那么，对应宏观审慎监管的重要目标，本书发现对于形成社会融资规模的信用创造过程、对于社会融资规模的统计缺口、对于社会融资规模的风险研究更有利于实现宏观审慎管理的政策目标。

第三章 社会融资规模运行分析

每一个较为成熟的现代经济体，经过几十年、上百年的发展，都形成了符合自身经济发展需求及模式的融资渠道和融资体系。融资渠道的种类、每种渠道的资金流量以及渠道的运行方式因经济体的成熟程度而异。经济发达程度越高，融资方式越多元，融资渠道越丰富；欠发达的经济体，较为简单和初级的融资方式占据主导地位。同样，社会融资规模结构性变化也体现出某些特征和规律。本章内容没有按照传统融资需求和融资供给两种分类标准分析社会融资规模的形成，而是充分运用社会融资规模丰富的自身特征，根据社会融资规模存量、增量和结构三个维度的变化趋势，重点分析了社会融资规模存量形成、增量形成、结构形成的特征，以及产生这些特征的原因。

第一节　社会融资规模存量的波动特征和原因分析

社会融资规模存量可以理解为存留在实体经济体系内、支撑实体经济发展的融资规模。由于存量指标是时点数据，每一个存量数据都是前期发展变化的累积，它可以反映社会融资规模在中长期内的均衡情况，是稳定性强、趋势性和指向性显著的指标，并且与其他宏观性的存量指标共同形成宏观经济运行的重要监测指标框架，对国家宏观调控的参考价值很大。

一、存量指标的形成过程

社会融资规模存量数据与增量数据的统计不是同步的。2011年，央行开始编制并对外公布社会融资规模的增量数据，随后三年增量数据都是按月定期发布。而社会融资规模指标构成中，人民币贷款、外币贷款的存量数据早已形成制度并持续公布。央行统计部门出于建立完整统计制度的考虑和满足研究需求的考量，2014年2月公布了2002—2014年的社会融资规模年度存量数据[①]；2015年是个明显的过渡期，公布社会融资规模的季度存量数据；2016年1月起，社会融资规模月度存量数据开始定期公布。至此，社会融资规模的存量数据在增量数据统计框架的基础上，也形成了完整的统计数据体系。完整的社会融资规模基础数据框架搭建完成，为货币金融运行监测和宏观经济分析研究提供了更为丰富的数据支撑。2018年7月、2018年9月、2019年9月、2019年12月，四次社会融资规模扩口径增加统计项目后，央行对存量历史数据进行了倒推更新。

总体来看，社会融资规模存量指标的形成过程可以概括为：起步较晚（2014年），第一年季度数据作过渡（2015年），第二年月度数据最终形成（2016年），并有四次扩大口径（2018年7月、9月，2019年9月、12月）。

二、存量趋势特征的形成和原因分析

按照年度数据的维度观察，截至2018年末，我国社会融资规模存量达到200.75万亿元，与社会融资规模存量初值相比（2002年12月为14.85万亿元），约为初值的13.5倍。其中，人民币贷款和外币贷款存量140.8万亿元，占全部社会融资规模存量的68.2%，与初值相比（2002年12月为94.1%）本外币贷款规模存量占比大幅下降。除传统贷款以外的其他融资规模存量占社会融资规模存量的比重上升了约26%。

与同期GDP存量相比，2018年12月末GDP存量（不变

[①] 盛松成、张文红、李夏炎：《社会融资规模存量分析》，载《中国金融》2015年第6期，第18—20页。

价）达到 90 万亿元，社会融资规模存量与 GDP 比率为 2.23。2002 年末，社会融资规模存量与 GDP 比率为 1.22，金融资源对国民经济的投入呈持续扩大态势。

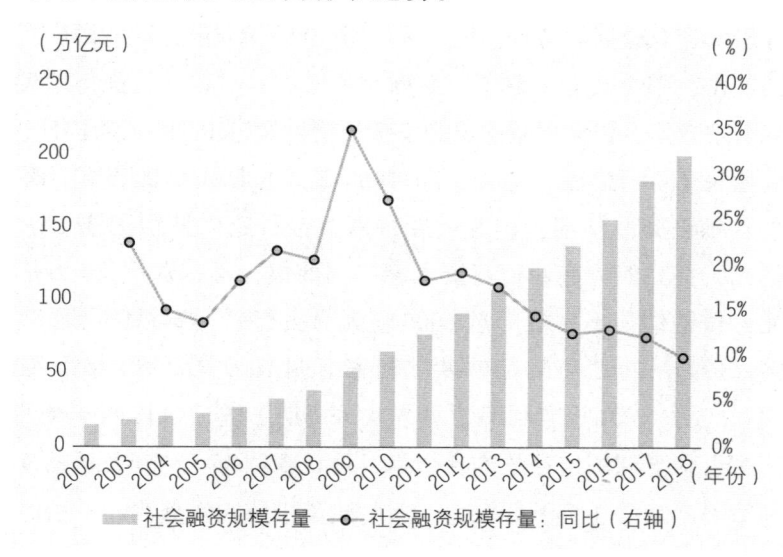

图 3-1　社会融资规模存量变化趋势

由图 3-1 可知，总体来看，我国社会融资规模存量呈现平稳地逐年递增趋势，规模从初值不足 20 万亿元增加到 2018 年末的 200 万亿元。从增长速度来看，可以发现周期波动特征明显，峰值突出，波峰和波谷相差 25 个百分点。按照曲线的波动特征划分，大致将社会融资规模存量的增长变化情况分为三个阶段：

第一阶段：2003—2007 年，此阶段社会融资规模同比增速由 22.3% 回落至 13.5%，形成短期低点，而后又回升至 21.5%，呈现出较为完整的波谷波峰。2003—2007 年社会融资规模存量构成中，传统信贷存量（包括人民币贷款和外币贷款）占比约在80%~90%之间。结合当时金融市场发展不平衡、融资方式单一的市场状况，因此人民币贷款存量的变动对社会融资规模存量增速有较好的解释作用。为应对1997年亚洲金融危机产生的冲击，中央政府采取了一系列改革措施：财政部门推行积极的财政政策，扩大财政支出和举债规模，通过1998—2001年连续增发1000亿元、500亿元和1000亿元长期国债的方式，开展基础设施专项建设；通过发行商业银行定向特别国债2700亿元，补充四大商业银行资本金，剥离银行不良资产1.4万亿元，核销信托不良资产近6000亿元。央行采取宽松的货币政策，1997—2002年间存款基准利率下调10次（活期4次，定期6次），贷款基准利率下调5次（短期1次、中长期4次），同时组合下调法定存款准备金率、再贷款利率、贴现及再贴现利率等，减缓经济下行压力。这些政策措施在实施当时一段时期内刺激了信贷投放，1997—2003年人民币贷款余额年均增速约为13.4%，人民币贷款存量由7.5万亿元翻番至15.9万亿元。当强刺激政策的作用逐步消退后，宏观经济运行出现了投资过热、信贷增长过快、通胀压力增大等问题，央行又进行反向操作：2003年开始，运用上调存款准备金率、上调存贷款基准利率、适度控制信贷规模等方式以稳定经济过热的形势。前期传统信贷存量冲高，基数增大和后期的逆向调控，使得主要受传统信贷存量影响的社会融资规模存量增速于2005年出现了明显下滑。随着2006年房地产投资热度和股市投资热度不断增强，市场投资情绪带动了信贷投放，加之国内经济增速持续保持高位，商业银行在前期高速信贷投放中盈利能力强、资本充足，因此，传统信贷渠道资金存量增速，2006年、2007年两年出现明显回升。

第二阶段：2008—2011 年，此阶段社会融资规模迅速增长后快速回落，出现了观察期内的增速峰值。为应对次贷危机对全球经济造成的影响，2008 年我国财政部门出台并实施了一系列稳定经济的积极财政政策。在积极货币政策的同步配合下，涉及投资规模约 4 万亿元，在国家发改委、财政部的相关统计数据中，投向较为明确的资金有：约 38% 投向交通基础设施建设和城市电网建设，约 25% 用于汶川地震灾区重建，剩余部分大多用于民生领域和鼓励创新等。于是，2009 年社会融资规模存量指标出现了急速拉升，同比增速达 34.8%。2010 年同比增速回落了大约 6 个百分点，但增速仍然保持在 27%。观察同比增量，2010 年社会融资规模同比增量略高于 2009 年 0.6 万亿元。2009 年社会融资规模存量的同比增速是自 2002 年该存量指标形成以来最大值，是最低增速（2018 年，9.8%）的 3.6 倍。

第三阶段：2012—2018 年，此阶段社会融资规模同比增速整体呈下滑态势。2003—2018 年社会融资规模存量同比增速标准差为 6.16，其中第一阶段标准差为 3.89，说明此阶段各年同比增速偏离平均值较小；第二阶段标准差为 6.45，是第一阶段的 1.65 倍，此阶段同比增速偏离均值的程度明显大于第一阶段；第三阶段为 3.02，是三阶段中最小值。由标准差数值可知，2012 年以来，社会融资规模存量同比增速相对于前两时期增速更加平稳，虽然增速放缓，但仍然是稳中有进。供给侧结构性改革的大背景下，我国经济经历了相当长时间的高速增长阶段，转向中高速增长，融资存量全面反映了经济和金融在这一时期内的关系，特别是宏观经济去杠杆的举措对社会融资规模存量的增长起到了约束作用。2016年以来，社会融资规模存量同比增速逐年下降，2018年同比增速9.8%，是统计期内最低值。据2018年的月度同比增速显示，自7月以来，存量同比增速始终在10%上下浮动，年度同比增速9.8%也是全年最低值。受经济运行周期的影响，在随后一段时期内，社会融资规模存量的形成可能比较缓慢。经济新常态下，供给侧结构性改革更需要能够适应产业结构调整和升级的融资方式和融资工具。

社会融资规模存量已经形成为一个稳定的、结构特征明显的时间序列。自2002年来，总量数据的基本特征已在上文中论述。目前对于总量问题更深层次的认识，无论是经济总量还是货币总量的高速或者快速增长，在转轨经济体中已经很难解决发展过程中的结构性矛盾和问题。可以说，在具有明显结构性特征的经济运行环境中，宏观总量政策的边际增长效应是下降的。总量增长思维是必要的，但忽视结构特征在一定程度上会加剧矛盾和进一步积累风险。当社会融资规模存量增长速度平稳在12%~15%时，与最高增速时期相比，该指标内部构成已出现明显变化，人民币贷款存量占比明显下降，商业银行表外业务、直接融资方式对实体经济的投入存量占比明显增多。

因此，为了更好地说明社会融资规模存量的结构性变化，按照存量统计子项的特征，将其分为直接方式和间接方式，间接方式又做二级分类，分为表内业务和表外业务。特殊的子项包括保险赔偿和2018年调整进入的不良贷款核销，都没有计入社会融资规模存量统计。

表 3-1　社会融资规模存量结构性分类表

社会融资规模存量分类			
间接融资存量	表内贷款存量	人民币贷款存量	资金来源：银行业金融机构
		外币贷款存量	
	表外业务存量	委托贷款存量	资金来源：银行业金融机构和信托类金融机构
		信托贷款存量	
		未贴现的银行承兑汇票存量	
直接融资存量	股票和债券市场存量	企业债券存量	资金来源：债券市场
		政府专项债券存量	
		非金融企业境内股票投资存量	资金来源：证券市场
		存款类金融机构资产支持证券化存量	

将 2002—2018 年社会融资规模存量数据的子项数据按照表 3-1 分类标准进行处理，得出存量结构特征柱状图和同比增速变化折线图：

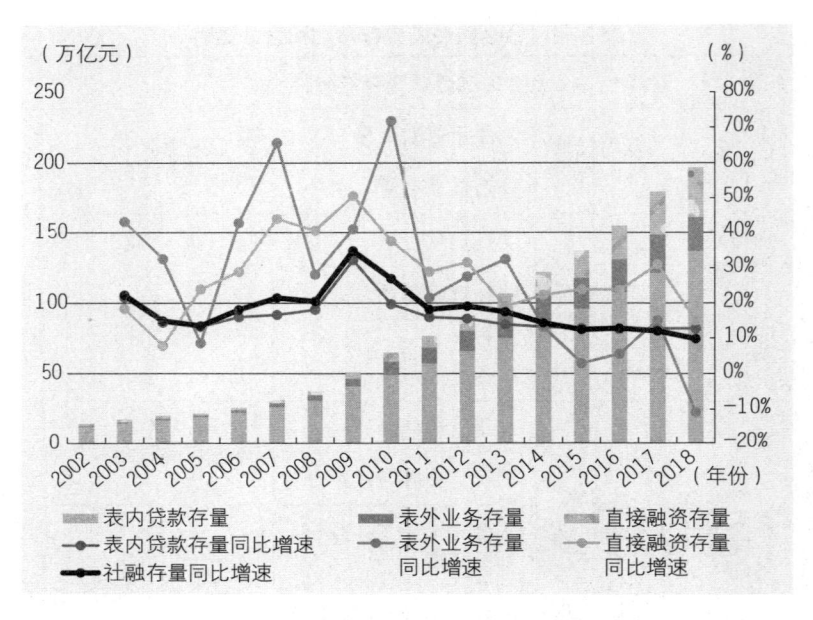

图 3-2 社会融资规模的存量数据结构特征图

通过更进一步观察社会融资规模存量的内部结构数据变化和增速变化，得出如下结论：

第一，社会融资规模存量中直接融资存量增加明显，占比逐年上升。2002 年以来，直接融资方式对实体经济的支持经历了从无到有、从规模较小到逐年增多的过程，2018 年直接融资存量达 35.69 万亿元，占社会融资规模存量的 17.78%，是 2002 年的 49 倍。2012—2018 年直接融资平均增速为 22.4%，2006—2011 年平均增速为 40%，2002—2005 年平均增速为 9.6%，分别高于同时期社会融资规模存量同比平均增速 8 个百分点、16 个百分点、1 个百分点。由于我国金融市场的不断完善和发展，实体经济越来越重视债券市场、股票市场等直接融资渠道的作用，通过发行企业债券、申请公司上市等方式获得的融资资金越来越多。特别是2006年以来,根据上交所和深交所股票、债券交易统计数据看,2006年股票市场成交总金额达9万亿元,约为上年的3倍;2007年股票市场成交总金额46万亿元,是上年的5倍多。总体来看,2006—2012年,股票市场成交金额呈现快速不稳定的增长状态,2012年以来股票市场成交金额实现了平稳增长。与社会融资规模存量的增长情况相比,2005年以来直接融资存量同比增速均高于总体存量增速,前期趋势较为一致,2014年来增速差距逐步扩大,2017年达到近九年最大值,相差19个百分点。从存量占比看,直接融资存量占社会融资规模的比重一直呈现上升趋势,从2002年的5%左右上升至最大占比2018年的17.78%。直接融资渠道的畅通为实体经济融资提供了更多的渠道和资金,在整个社会融资存量中占比逐年扩大,对满足实体经济融资需求、优化融资结构和支撑实体经济发展的作用越来越重要。

第二,社会融资规模存量中间接融资存量仍占据绝对比重,但其内部结构发生明显变化。间接融资存量包括表内贷款部分和表外贷款部分,两者存量占比在统计期发生明显变化。其中,传统的表内贷款存量占社会融资规模存量比重自2005年以来呈现逐年下降趋势。2005年表内贷款存量占比达到87%,是统计期内占比的峰值;2017年占比为66%,是统计期内的最低值。表外业务存量占比变化在较长时期内呈现上升趋势,2002—2014年占社会融资规模存量由4%上升至18%,2015—2017年占比有所减少,逐年回落至15%。从表内贷款存量和表外业务存量的规模比例看,2002年表内贷款存量是表外业务存量的20倍,随后倍数关系逐步缩减,2013年、2014年表内贷款存量仅为表外业务存量的3.9倍,2015—2017年两者倍数关系回升至

4倍以上。与表内贷款存量较为平稳的变动趋势相比，表外业务存量的变动方向较为不稳定。究其原因，主要是表外业务的发生并不计入商业银行的资产负债表，因此在资产负债表的监管模式下，表外业务在资本管制、信贷规模调控以及资金用途方面不受监管和约束，并且可以带来更多的中间业务收入，商业银行在跨业综合经营的趋势下，通过业务创新、多元化发展也可以不断提高市场竞争力。因此，在相当长的一段时期内，商业银行热衷于资金出表操作。2002—2018年，社会融资规模存量中，表外业务存量规模由最初的0.6万亿元发展到最高时26.9万亿元，扩大了43倍，占比由4%上升至最高占比18%（2013年和2014年）。表外业务与表内贷款在一定程度上有替代作用，主要是因为随着金融监管部门对表外业务的风险关注和监管关注，一些出表资金被压缩回表，造成表外业务缩减同时表内贷款规模扩大。针对表外业务的微观监管细则逐步出台，中国银监会2011年第3号令《商业银行杠杆率管理办法》中（2014年进行修订）将部分表外资产余额纳入杠杆率分母口径中进行计算，2011年第7号文《关于规范银信理财合作业务转表范围及方式的通知》明确了表外转表内的进度底线，2011年第31号文《商业银行表外业务风险管理指引》以及2016年修订版对表外业务风险关注和管理更加全面和有针对性。宏观调控方面，2017年央行将表外理财纳入宏观审慎评估体系，2018年央行《关于规范金融机构资产管理业务的指导意见》出台，金融机构的表外业务从发展方式、发展数量到风险防控，逐步纳入调控和监管的范畴中。因此，表外业务存量并不能像资产负债表单一监管模式下那样，野蛮生长，而是伴随着监管关注的持续和信贷政策的调控，呈现出较大的增速波动。2015年以来，表外业务存量逐渐回归较为平稳的增速范围，特别是在2016年、2017年银监会加强表外业务监管的一系列监管细则出台后，表外业务回表趋势明显，存量占比由15%下降至12%。表内信贷存量在2008年4万亿元政策实施后，2009年出现增速峰值，显现出政策效应，其后增速保持在12%~15%，比较稳定，这也显现出稳健中性货币政策的调控作用较为明显。

第三，社会融资规模存量总体增速平稳，与表内贷款存量的增速表现一致，而表外业务存量增速、直接融资存量增速波动较为剧烈。长期以来，表内贷款存量对社会融资规模存量的影响较大，表内贷款存量增长快慢直接决定了社会融资规模存量同比增速，两者趋势基本一致。但观察2016—2018年表内贷款存量和社会融资规模存量的增长情况，可以发现细微的但却具有代表趋势的变化。2016年，表内贷款存量较上年同比少增0.22个百分点，社会融资规模存量较上年多增0.4个百分点；2017年，表内贷款存量较上年同比多增0.12个百分点，社会融资规模存量较上年少增0.8个百分点；2018年，表内贷款存量同比增速与2017年同比增速基本持平的情况下，社会融资规模存量同比增速较上年明显回落2个百分点。

就增长趋势看，表内贷款存量对社会融资规模存量的影响在逐步减弱，表外业务和直接融资等占比逐渐增加的结构性因素对社会融资存量的影响在逐步增大。在上述第二条结论中论述的监管层面的操作变化，使得影响社会融资规模存量的因素越来越多元化。特别是表外业务存量的增长情况，影响较为突出。2007年、2010年表外业务存量同比增速达到65%以上，而2018年表外业务存量同比增速出现负增长，增速为-10.8%，与社会融资规模存量增长正向的趋势相比较，其他结构性存量增速均为正向的顺周期趋势，只有表外业务存量在2018年存量呈现出明显的逆周期态势。直接融资存量同比增速在2009年达到51%的峰值，高于统计期内最低增速（2004年7.8%）550%，2018年直接融资存量同比增速较上年回落16个百分点。因此，表外业务存量同比增速剧烈波动、落差较大，直接融资存量同比增速较大幅度回落，这些结构性特征的出现对社会融资规模存量的影响在2018年十分明显。

从描述性统计角度，2003—2018年，社会融资规模存量同比增速、表内贷款存量同比增速、表外业务存量同比增速和直接融资存量同比增速标准差分别为6.2、4.9、21.6和10.8。由此可见，表外业务存量同比增速波动最为剧烈，其次是直接融资存量的同比增速，社会融资规模存量同比增速和表内贷款存量同比增速波动较为平缓，这也进一步证明了上述结论。

三、影响存量形成的因素

影响社会融资规模形成的因素很多，并且多种因素同时影响社会融资规模存量形成、增量形成以及内部结构。在区分影响因素的过程中，本部分主要遵循长期和短期、动态和静态、内生和外生、中性和非中性以及主要和次要方面几个划分原则和标准。

例如，社会融资规模存量是整个金融市场的信用创造，更适合在中长期和长期内观察。经济周期和景气指数本身是长期性、趋势性指向的指标，因此对社会融资规模长期性的影响较为突出，对社融存量影响较大，可划为影响社会融资规模存量形成的重要因素。短期内、季节性、操作性引发的融资需求和供给变化，经济政策和市场主体的预期造成的刺激是社会融资规模短期动态化调整的重要影响因素，可作为影响社会融资规模增量形成的主要因素。而金融市场内各主体的发育程度、金融监管政策对融资供需主体的选择影响都是影响社会融资内部结构的重要因素，可化为影响社融结构性特征的因素。

1. 经济周期的波动。 融资行为的主要目的是筹集发展资本，实现发展目标。经济发展的部分资金需求是内生的，由经济运行主体自己产生的融资需求，例如实体经济在发展过程中发现优质项目，进行技术升级和规模扩张都会产生融资需求；也有融资需求是外生的，例如国家通过信贷政策导向刺激或者促进某些产业、某些消费和投资行为，便会有外生性融资行为产生。无论是内生还是外生的融资需求，都与经济发展的趋势和周期性密切相关。融资周期在长期看，是受制于经济发展大周期的，可能会有一定的时滞，但总体来说社会融资规模存量作为融资行为的长期累积，是在经济周期约束下形成的。图 3-3 中，GDP 同比增速与社融同比增速变动趋势较为一致，只是在不同阶段表现出指示或带动作用的强弱不同。图 3-4 是社会融资规模存量同比增速与宏观经济景气指数[①]走势图，按照宏观经济景气指数先行指数看，对社融同比增速有引领和指示效应，按照宏观经济景气指数一致指数看，社融同比增速与

---

① 宏观经济景气指数，源自 1994 年 8 月国家统计局建立的企业经济调查制度，其中企业家信心指数和企业景气指数结合即为宏观经济景气指数，范围在 0~200 之间，100 是中间值，超过 100 表示经济处于上升或改善状态，低于 100 表示经济下降。其中，一致指数是反映当前经济走势，由工业生产、就业、社会需求（投资、消费、外贸）、社会收入（国家税收、企业利润、居民收入）等 4 个方面合成；先行指数是由一组领先于一致指数的先行指标合成，用于对经济未来的走势进行预测。

宏观经济景气表现出一致性。因此，从宏观经济景气指数和实际经济增长两个维度看，与社会融资规模存量的形成都有较强的一致性。

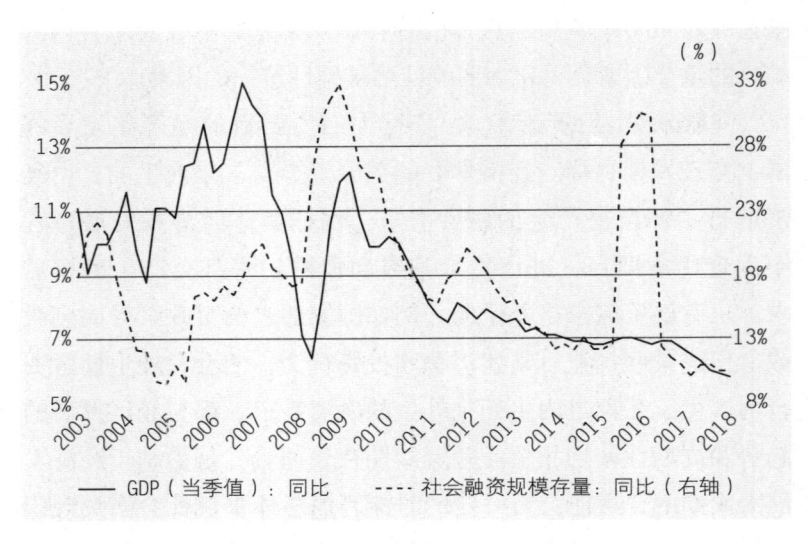

图 3-3 社会融资规模存量同比增速与 GDP 同比增速

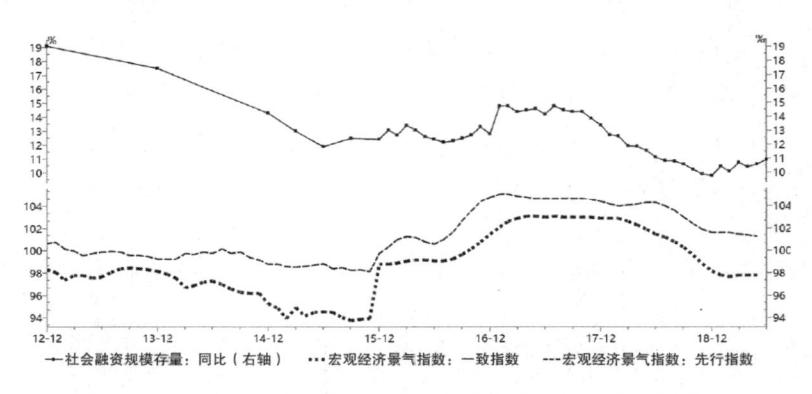

图 3-4 社会融资规模存量同比增速与宏观经济经济指数

2. 经济总量的持续扩大。经济总量是用货币可以计算的社会财富总量。随着生产的扩大和技术水平的提高，经济总量不断积累和扩大，在原有基础上的发展必然要求更多的人才、资本等要素支撑。因此，社会融资规模存量的形成与经济总量的持续积累是相匹配的。观察图3-5可知，经济总量和社会融资规模存量呈现出一致的持续增长趋势，2003年末社会融资规模存量18.2万亿元，经济总量13.7万亿元；2018年末社会融资规模存量200.75万亿元，经济总量91.93万亿元，总体来看，经济总量的累积需要越来越多的融资支撑。

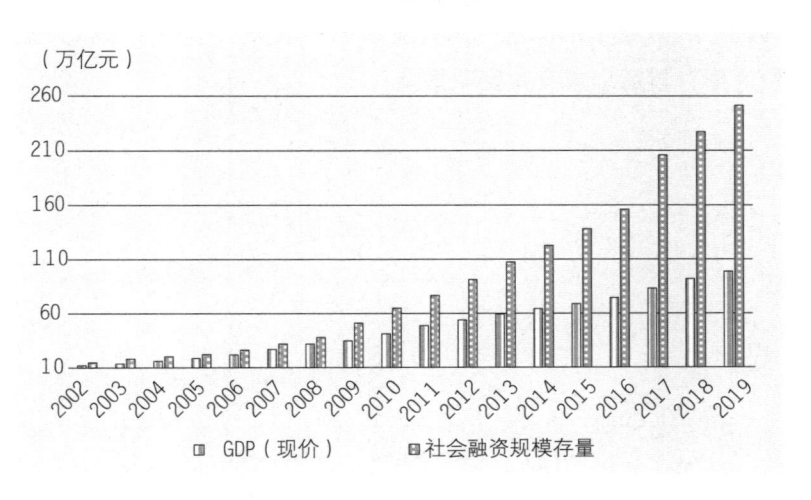

图3-5 经济总量与社会融资规模存量趋势对比

3. 货币存量的影响。从社会融资规模的属性看，一是货币政策调控的中介指标；二是金融机构资产方合计，与金融机构负债方形象地比喻为"硬币的两面"。在理论基础部分，本书认为先有货币后有信用的分析逻辑更合理，对应货币政策调控的中介指标，基础货币的供应量对社会融资规模存量影响较大；

而对应金融机构负债方,广义货币供应对社会融资规模存量影响较大。基础货币的不断投放,为社会融资规模的形成提供了创造基础,正是金融中介的在高能货币基础上进行的信用创造和扩张功能,形成了社会融资规模。图3-6是社融存量同比增速、基础货币余额同比增速与M2同比增速,可以看出基础货币余额的同比增速是社融存量同比增速的先行指标。也就是说当基础货币投放量增大后,经过一个扩张的滞后期,社融存量会呈现出趋势较为一致的扩张,基础货币的基础地位或者说决定地位得以体现。M2同比增速和社会融资规模同比增速体现为趋势和数量上的高度一致,更说明广义的货币供应与社会融资规模存量的形成有紧密联系。

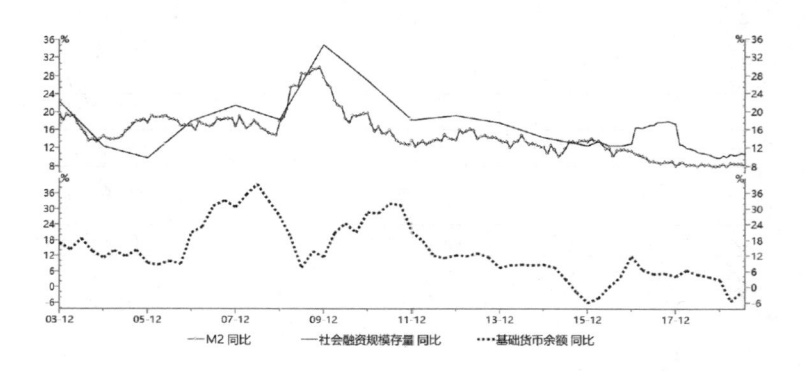

图3-6　社融存量同比增速、基础货币余额同比增速与M2同比增速

4. 乘数持续发挥效应。乘数是反映货币创造和信用创造能力的指标,是在原有基础上增加了多少倍的意思。传统的货币乘数是广义货币供给与基础货币之比,它反映的是广义货币供给对基础货币的扩张或创造能力。社会融资规模的乘数效应与传统的货币乘数有所不同,为衡量社会融资规模对基础货币的

信用扩张能力，可以用"社会融资规模存量/基础货币"进行大致估算，可称作"信用乘数"。观察图 3-7 可发现三个明显特征：一是在扩张趋势上，广义货币供应和社会融资规模都经历了回落攀升的趋势。主要是 2006 年之后的短期但较为明显的回落，形成了统计期内信用扩张的低点，而后起伏波动的扩张趋势，到 2014 年之后稳步上升。二是在扩张能力上，2014 年之前，广义货币供给的扩张能力高于社会融资规模的扩张能力；2016 年之后，社会融资规模的信用扩张能力明显高于传统的货币乘数。相比之下，两者对基础货币的扩张能力发生明显变化。三是信用乘数与货币乘数在 2014—2016 年呈现出重合的态势，这一时期广义货币供给与社会融资规模的信用创造能力相当。按照央行盛松成对 M2 和社融关系的描述，这一时期与"硬币正反面"的特征高度吻合。

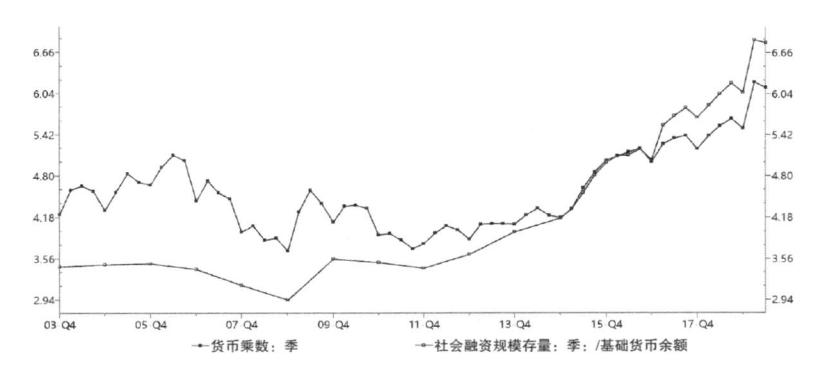

图 3-7 社会融资规模的信用扩张效应与货币乘数（2003.12—2019.03）

5. 中长期和长期的信贷、信托计划、债券等。社会融资规模统计数据中，由于短期贷款、短期信托计划等用款周期较短，资金归还后就没有沉淀在社会融资规模存量中的数据，中长期贷款、信托计划和一些长期地方政府债券的发行融资期限长、融资金额大，资金是随着时间的推移逐步归还，或者是到期后一次性偿还。2018年9月，社会融资规模扩大口径增加地方政府专项债券，由计算可知，地方政府专项债券存量占社会融资规模存量的比重自2017年1月的2.1%上升至2019年6月的3.9%。由此看，中长期、长期的融资项目一经发生，就开始贡献对社会融资规模的存量数据，因此对存量的影响较大。

第二节　社会融资规模增量的波动特征和原因分析

存量指标、增量指标、流量指标是数据统计中非常重要的分类标准，指标性质不同，用途和说明的问题便有根本性的区别。三者可以用来研究同一个事物的不同现象，最大区别在于指标的实效性：存量是某个时间点上的数据体现，而增量和流量则是一段时间内的发生额。存量更能说明长期性、趋势性问题，增量和流量数据更能反映某个时间段内的现象变化。增量数据是存量数据形成的基础，月度的增量指标形成季度增量指标，再汇总为年度，相对于存量的长期均衡而言，增量数据对短期动态均衡有更好的发现和解释能力。具体到社会融资规模流量和增量数据，某个时间段内，例如一个季度，融资规模的累计投放和累计收回就是流入量和流出量，是流量指标，同时累计投放也是增加值，累计收回也是减少值。因此社会融资规模的增量指标和流量指标轧差，都是反映的净增加或者净流入的融资数量，反映月度、季度或者年度的融资情况的变化。

本部分从短期性、波动性的角度分析社会融资规模，也就是从社会融资规模增量指标入手，分析变动特征和影响因素。

一、增量指标的形成过程

在社会融资规模这一概念提出后，2011年初央行建立了社会融资规模统计制度，并于同年开始公布社会融资规模的季度增量数据。从统计数据的可获得程度看，增量数据在统计口径和统计期间确立后，根据新增数据和已偿还数据的轧差便可获得。虽然社会融资规模的增量数据是较早确定下来的，但在探索存量数据统计的过程中，增量数据也在逐步改进和完善。首先，提高了数据统计频率，从按季度公布改善为按月度公布，统计频次提升使得增量数据对融资变化的反映更为敏感，说明性更强。其次，补充完善历史月度数据，从研究价值看，统计数据的标准统一和时间跨度的加长更有利于学术研究，更能增加数据的可利用价值。在2018年7月和9月两次社会融资规模概念外延扩展的调整中，先后增加了不良贷款核销和存款类金融机构资产支持证券（ABS）、地方政府专项债券的统计内容，并且从统计数据延续性角度，补充了自2017年1月开始的上述三项统计数据。

社会融资规模的增量数据形成可以概括为：指标体系中最先公布（2011年初）、1年季度数据过渡（2011年）、固定为按月公布（2012年）、补充历史数据（2002年1月—2011年12月）、两次扩大口径（2018年7月、9月）。

从社会融资概念扩展的背后逻辑分析，不良贷款核销、存款类金融机构资产支持证券和地方政府专项债券在2018年发生额较大，具有融资效应并且可统计，而且经过一定期限的观察稳定性和增加的趋势明显，纳入社会融资规模的统计范畴。图

3-8 为 2017 年 1 月—2018 年 12 月三项新增指标数据月度新增数据走势，其中地方政府专项债券的发行量自 2018 年初以来持续上升，2018 年 7 月达到了 7389 亿元的规模，占到当月社会融资规模新增量（2.17 万亿）的 34.1%。存款类金融机构资产支持证券 2017 年 12 月新增 1476 亿元，2018 年 12 月新增 1503 亿元。出于防范和化解金融风险的监管需求，银保监会鼓励商业银行加大对不良资产的处置力度，不良贷款核销的统计数据也反映了季末月份突击核销的现象。从不良贷款核销当月值占新增人民币贷款当月值看，2017 年 9 月为 11%，12 月为 36%，2018 年 12 月也达到了 27%，这些增量突出变化对社会融资规模整体也会产生较大的影响。

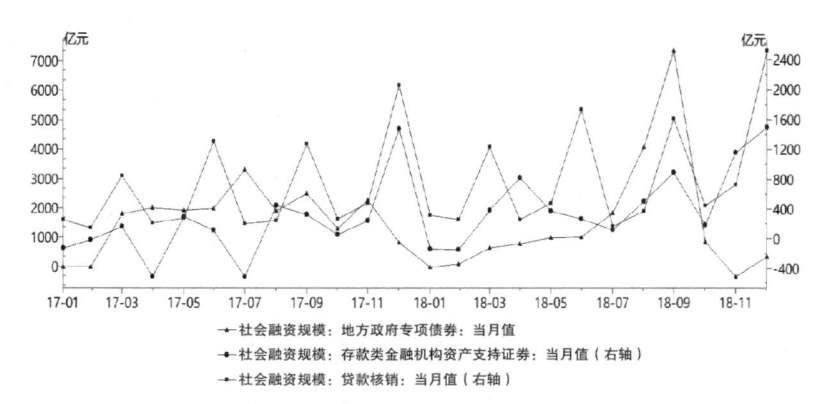

图 3-8　2018 年调整社融口径后的新增三项指标走势（2017.1—2018.12）

二、增量趋势特征的形成和原因分析

自 2002 年 1 月，社会融资规模增量数据按月度公布以来，至 2019 年 5 月，增量数据的变化趋势总体如图 3-9 所示。

图 3-9　社会融资规模月度增量趋势图（2002.1—2019.5）

社融月度增量变化的整体趋势分为两个明显阶段：第一阶段，2002 年 1 月至 2008 年 12 月；第二阶段，2009 年 1 月至 2019 年 5 月。两阶段在规模特征和波动特征有明显的区别，同时也反映出不同的经济金融运行特征和背景。

一是规模特征。2008 年 12 月及以前，社会融资规模月度增量维持在 1.1 万亿以下，其中 2008 年 1 月月度增量 1.06 万亿元，是唯一突破 1 万亿月度增量的月份。另外，超过 6000 亿元增量有 13 个月，占第一阶段月份数量的 15.5%，其余 84.5% 的月份增量均维持在 6000 亿元以下。第一阶段月度平均增量为 3393 亿元。而在第二阶段，仅有 7 个月月度增量小于 6000 亿元，占第二阶段统计数量的 2.5%，其余 97.5% 的月度增量均在 6000 亿元以上，75% 的月度增量大于 1 万亿。最高月度增量出现在 2019 年 1 月，达 4.6 万亿；超过 2 万亿的月度增量 18 个，3 万亿月度增量的月份有 4 个。第二阶段月度平均增量为 1.41 万亿元。从两个阶段极大、极小值和平均增量规模看，第二阶段极大值为第一阶段的 4 倍多，极小值多于第一阶段 1 万亿，平均月度增量是第一阶段的 4 倍多。由此可见，自 2009 年以来社会融资规模的月度增量规模呈现明显的扩张趋势。

二是波动特征。观察图 3-9 发现第二阶段月度增量波动更为剧烈，通过计算标准差可知，第一阶段为 2173，第二阶段为 6641。相比第二阶段而言，第一阶段的社融月度增量情况更为稳定。为更清晰地分析波动特征，本部分将月度增量数据每两年（24 个月）拆分为一个时间段进行作图观察（拆分图不作展示），发现随着时间的推移，波动出现新的规律。2002 年 1 月—2007 年 12 月，社融月度增量中存在负值，季度增量之间较为均匀，整体增量较为平稳。2008 年 1 月—2015 年 12 月，社融月度增量全部为正值，并且规模较前一阶段扩张后季度特征明显，当月高次月低，总体节奏平稳。2016 年之后，月度增量波动呈现出新规律，连续四年 1 月社融出现"天价"增量，冲高为全年月度最大增量，规模远大于其他月份。

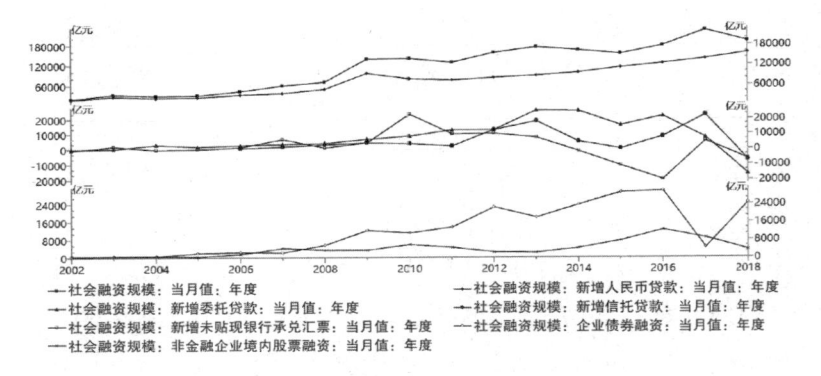

图 3-10　社会融资规模中主要指标的增量变化对比 ①

三是内部的信用创造方式转换明显。观察图 3-10 可知，在 2006 年以前，人民币贷款增量基本组成了社会融资规模增量，两者走势高度一致。2007—2011 年，人民币贷款增量占社会融资规模增量的比重较 2006 年明显降低，但仍然对社会融资规模增量走势起绝对决定作用。2012—2018 年，虽然人民币贷款增量的绝对数值较大，占到社会融资规模增量的一半左右，但是边际贡献明显低于前期，从走势图上看，趋势起伏的一致性规律逐渐消失。这说明在社会融资规模增量形成的过程中，人民币信贷的作用仍然稳固，但是稳中有变的是人民币信贷增量的贡献和拉动效应随着时间的推移正在逐步减弱。

同时，委托贷款增量、信托贷款增量、未贴现银行承兑汇票以及企业债券融资增量在 2012 年以后集中表现为幅度较大的增量变动，并且趋势走向不统一，这说明新的信用创造方式逐

---

① 图中最上部分为社会融资规模增量和其中的人民币信贷增量；中间部分为委托贷款增量、信托贷款增量和未贴现银行承兑汇票增量；最下部分为非金融企业境内股票融资增量和企业债券融资增量。

步开始受到关注，发挥作用。也正是由于这些信用创造途径的影响作用逐步增大，才使得传统的信贷增量的拉动作用逐步减弱。在 2017—2018 年，上述四个增量和非金融企业境内股票融资增量的走势与社融增量走势十分吻合，信用创造途径的地位转换以及替代作用开始显现。

三、影响增量形成的因素

社会融资规模增量的长期累积形成了存量，但是存量基数是逐步增大的，随着累积年限的增加，一些增量特征会稀释在总量中变得不显著。增量指标的短期化和动态化特征明显，在影响社会融资规模形成的因素中，短期形成的冲击因素对社会融资规模增量的影响更显著。具体来看，有以下几个方面：

（1）**年度政策目标**。每年 3 月召开的全国两会上，公布的政府工作报告中，会根据对国内形势、国际形势的预判研判，提出全年的 GDP 增长目标和财政政策、货币政策的主要走向。与之相匹配的，财政赤字率、通货膨胀率、广义货币供应量等目标也一目了然。在我国目前的体制机制下，宏观调控是非常有力度的，围绕年初制定的经济社会发展目标，信贷目标、通胀目标、财政目标和 GDP 增速目标基本都会实现，偏差一般不会太大。以信贷增长目标为例，各商业银行的信贷增长规模由央行及其分支机构根据货币政策基调，稳健、中性或者积极等，通过窗口指导，运用数量型和价格型等货币政策工具开展调控，到年末基本可以实现。以广义货币供应量和财政收支情况的调控为例，表 3-2 梳理了 2013—2018 年财政政策和货币政策的相关调控基调和指标，以及实现情况。比较容易看出，政策目标的实现率非常高,因此对于年内社会融资规模增量而言,受政策调控和相关政策目标的影响很大。

表 3-2 宏观调控效果对比

时间	年初目标	实际指标
2013 年	赤字率 2%, M2 增速 13%	赤字率 2.1%, M2 增速 13.6%
2014 年	赤字率 2.1%, M2 预期增长 13% 左右	赤字率 2.1%, M2 增长 12.2%
2015 年	赤字率 2.3%, M2 预期增长 12% 左右	赤字率 2.4%, M2 增长 11.3%
2016 年	赤字率 3%, M2 预期增长 13% 左右	赤字率 3%, M2 增长 13.3%
2017 年	赤字率 3%, M2 预期增长 12% 左右	赤字率 3%, M2 增长 8.1%
2018 年	赤字率 2.6%, M2 合理增长	赤字率 2.6%, M2 增长 8.1%

2. 实体经济的投融资需求和计划。社会融资规模中信贷投放占比较其他构成指标而言,一直是遥遥领先。目前,我国的贷款投放主要是用于支持实体经济各类投资和居民部门的大宗消费需求。因此,社会融资规模增量受到实体经济年内投资消费需求、投资消费计划的影响较大。

一是固定资产投资行为。图 3-11 描述了社融年度增量与固定资产投资年度完成额以及各自增量同比增速走势。可以看出,无论从增量还是增速,社融年度增量的相关指标都在围绕固定资产投资变化而上下波动,固定资产投资的核心和主流作用明显,对融资增量的决定和影响作用也十分明显。

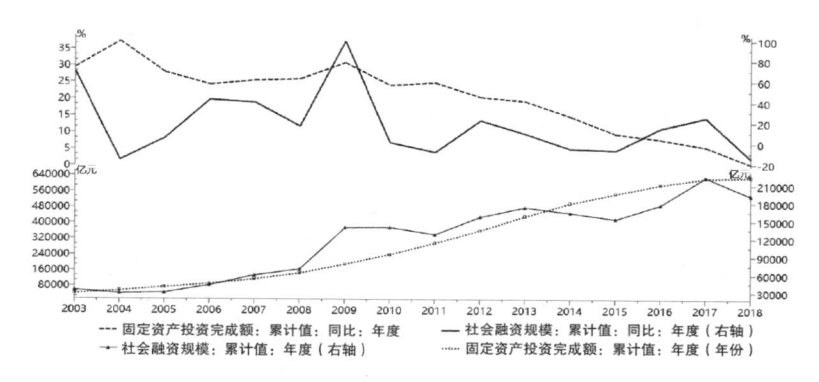

图 3-11　社会融资规模增量与固定资产投资完成额相关指标趋势

二是居民部门的消费行为。从消费需求和消费计划的角度看，居民部门两大消费对社会融资规模增量的影响最大：

（1）购买住房的消费行为。购房需求，本质上是消费需求。受中国传统文化影响，在我国买房对大部分群体是必须消费和刚性需求。随着我国工业化和城镇化进程的持续推进，人口流动越来越频繁，越来越多的城镇居民进城购房；就业人群因为就业定居的原因在一个新的城市购房；考虑到教育、医疗等配套资源，改善性住房的需求也促使越来越多的居民置换房屋；再或者因为自然环境原因到宜居城市新购房。除了购房的刚性需求外，我国的房地产市场具有不同于其他国家的特性。2003年，在《国务院关于促进房地产市场持续健康发展的通知》（国发〔2003〕18号）中指出，房地产业因其关联度高、带动力强，被列为国民经济的支柱产业。由于我国资本市场不健全，居民部门长期缺乏好的投资渠道，在相当长的一段时间内，炒房成为收益非常高的投资渠道。在经历了限购、限贷等一系列的政策调控后，特别是在党的十九大之后，中央明确提出了

"房子是用来住的，不是用来炒的"，炒房的资金供给空间都受到控制。但是由于城镇化、城乡一体化等重大战略的实施，来自刚性买房需求的信贷仍然具有相当的规模。

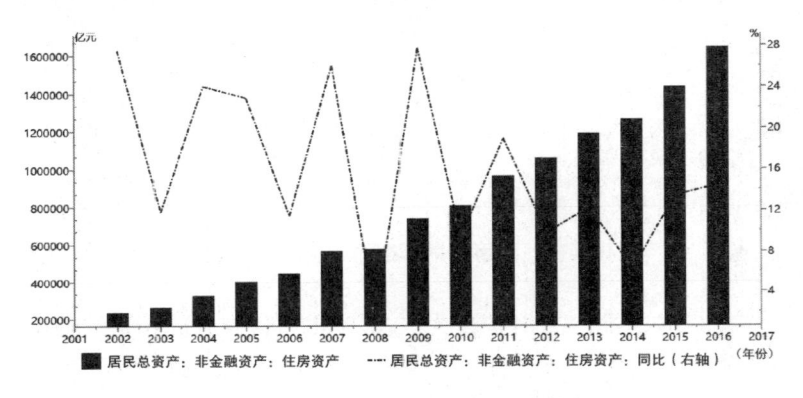

3-12　居民部门住房资产总量及其变化

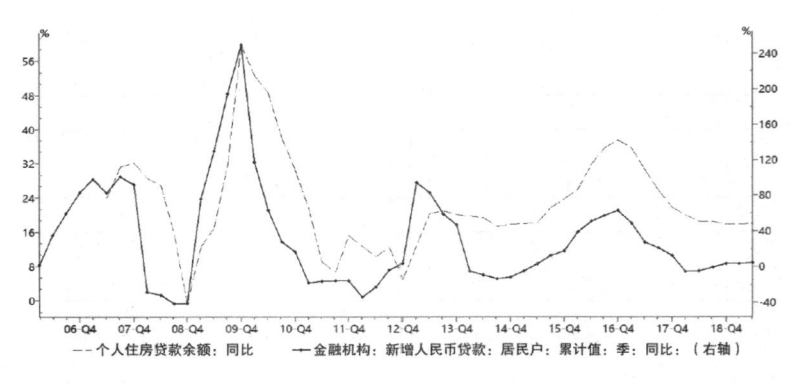

图 3-13　居民贷款和居民住房贷款同比变化趋势

观察图 3-13 可知，个人住房贷款对居民贷款增量的拉动和贡献作用十分显著，两者的同比增速走向基本一致。也就是说，从融资需求主体看，居民部门影响社会融资规模增量的决定性指标是个人住房贷款增量,被满足的个人住房资金需求越大,社会融资规模增量增长越快。反之,当居民的个人房贷需求下降时,社会融资规模增量的增长动力明显减弱。

(2)其他规模较大的消费性融资需求。社会经济不断发展,物质生活不断丰富,越来越多居民在改善住房条件的同时,也有需求改善出行条件。图3-14显示了我国2002—2018年[①]私人汽车保有量的变化,至2018年末私人汽车保有量为2.1亿辆,是2002年保有量的21倍多,并且连续16年呈增长趋势。在经历了前期基数小、增速快的阶段,2009年以后私人拥有汽车数量同比增速开始回落,直至统计期的最后一年,增速仍然超过10%,这充分说明了居民在交通条件改善方面的投入在逐年加大。

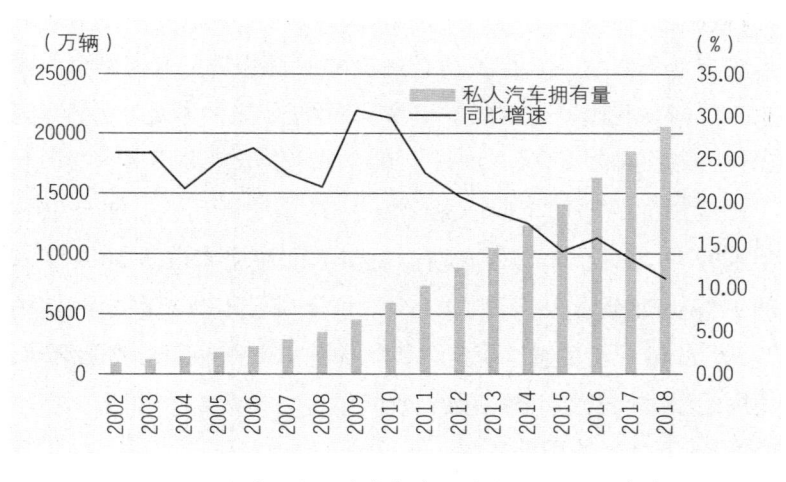

图3-14 我国私人汽车保有量(2002—2018年)

3. 金融中介的操作节奏和方式。一是金融中介的信用创造

---

① 为保持与社会融资规模增量相同的基期,私家车保有量选择统计期起点为2002年。

节奏。社会融资规模增量容易受到短期政策、利好或者突发性事件的冲击，在月度间产生较大波动。比如，许多地方政府在年初提出"开门红"的增长口号，投资项目进度较快，受到银行信贷投放节奏"4321"或者"3322"的影响[①]，在年度范围内，社融增量容易出现上半年增量大、下半年增量小的不均衡特点。再例如，地方政府专项债券发行也是上半年甚至是一季度，当财政预算公布之后，地方政府会根据预算情况集中发债，对社会融资规模增量的月度波动也是影响较大。

二是金融中介创新的支付和结算方式。支付和结算是中央银行和商业银行的基本职能，也是货币的基本职能之一。金融市场日益发展，金融产品和金融创新日趋多元化，其中一些期限转换类、提供信用类的支付结算方式对社会融资规模增量的形成有显著影响。以存款类金融机构发行的贷记卡为例，由图3-15可知，我国贷记卡的发卡量从2007年末的不足0.9亿张到2018年末的6.86亿张，增长了6倍多。发卡量的增多直接引起了授信额度的增加，授信总额由2007年的2万亿增加至2018年末的16万亿，增长了7倍。授信额度使用率也从2012年末的37%上升至2018年末的45%。由于贷记卡具有一定时期内（一般是56天）免息，绑定各机构的优惠营销和积分奖励活动，使用的激励性较强，短期融资效应显著。观察2017年末，授信额度14万亿，使用率45%，那么贷记卡的信用使用量在6.3万亿。伴随着逐年增加的发卡量、逐步上升的授信额度和使用率，金融中介创新的支付结算方式对社会融资规模的影响不容轻视。

---

① "4321" "3322"分别指1—4季度信贷投放占全年投放额度的比例。"4321"是指1—4季度，分别投放40%、30%、20%和10%。"3322"是指1—4季度，分别投放30%、30%、20%、20%。

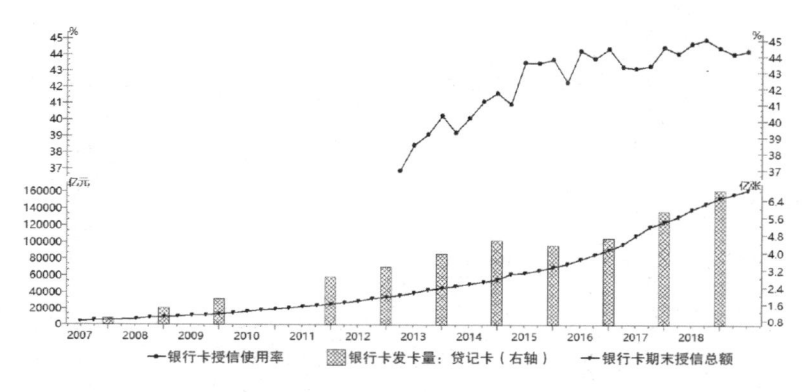

图 3–15　我国贷记卡发卡量及授信情况（2006—2019 年）

4. 资金价格的波动。 从基本的供求原理看，商品的价格和需求量在一定时间范围内是此消彼长的关系。若该商品存在替代品，同样会影响替代品的需求。资金被需求时，就是一种商品，受到价格的影响，当资金价格高于需求所能产生的收益时，资金需求方会控制或减少对资金的需求。当资金价格较为合理时，在原有需求的基础上会产生一些新的需求，除了满足刚性需求外，出于逐利会刺激一些效率和技术含量不高的生产方式，在较低的资金价格上借贷资金进行生产。图 3-16 选取了代表资金价格的上海银行间同业拆放利率一年期的报价为代表，和社会融资规模增量同比变化做图对比，两者之间"量价互换"走势非常明显。

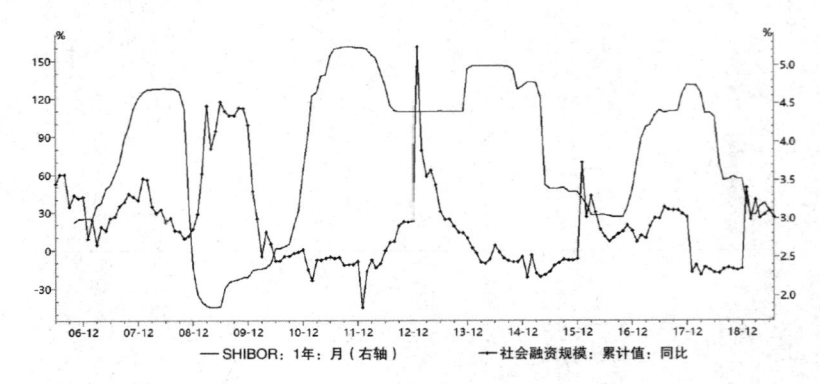

图 3-16　社会融资规模累计增量与 SHIBOR 一年期报价走势

第三节　社会融资规模结构的波动特征和原因分析

一、结构性指标的形成过程

对于社会融资规模的结构性指标，可以理解为两个方面：一是构成社会融资规模的所有子项指标；二是社会融资规模的区域性结构数据。其中，子项指标的形成是在社融概念体系形成之时就有了准确的定义和统计口径，经过三次扩展口径后形成了从 13 个子项指标为代表的较为稳定的统计体系。

2014 年 2 月央行首次公布了 2013 年地区社会融资规模的增量数据，截至 2019 年 5 月，地区社会融资规模增量形成了按季公布的统计频率，起始月份为 2011 年 9 月。但地区社融的存量数据没有公布过。[1] 与社会融资规模统一数据相比，区域性的社会融资规模统计制度缺陷比较明显，统计频率为季度公布，尚未建立区域社会融资规模存量统计制度。

---

[1] 盛松成：《从地区社会融资规模能看出什么》，载《中国经济报告》2014 年第 4 期，第 65 页。

二、结构性趋势特征的形成和原因分析

在社融存量和增量趋势特征的形成过程中，关于结构性趋势特征，其中一个方面子项指标之间比例变动和互相替代的关系已经有大量涉及和分析，本部分将侧重点放在分析结构性特征的另一个方面，即区域性社会融资规模的主要特征。

1. 社融增量的区域汇总数据与人总行[①]数据不匹配。从总量上看，31个省（直辖市、自治区）的季度社会融资规模增量与全国社会融资规模增量的总量存在差距（表3-3）。按照误差率计算，社融增量的31个省市汇总误差率虽然在统计期内高于GDP按照相同方法计算出的误差率，但是与GDP区域汇总数据大于国家统计局公布的总量数据相反，社融增量的区域汇总数据明显小于人总行公布的数据。产生这种"总分数据打架"的原因可能有以下三个原因：

（1）社会融资规模缺少数据采集的说明书。尽管在按月公布的社会融资规模统计报表上[②]，表注中有一条说明："数据来源于中国人民银行、中国银行保险监督管理委员会、中国证券监督管理委员会、中央国债登记结算有限责任公司和银行间市场交易商协会等。"但是社会融资规模增量的10个子项数据分别来自哪个或哪些职能部门没有明确说明，而且表注没有把所有提供数据的部门罗列出来，导致社会公众和专家学者无法知晓所有提供社会融资规模数据的部门。

---

① 人总行为中国人民银行简称。
② 中国人民银行网站中"统计数据与标准"模块下。

（2）一定程度上，社会融资规模的总分数据不存在逻辑校验关系。由于金融事权是非常特殊的一项事权，隶属中央而不是隶属地方，因此很多金融统计数据集中在中央的职能部门，地区社会融资规模的部分结构性数据不是来自地方职能部门，而是来自中央职能部门的反馈。所以存在数据来源重合的统计结构中，社会融资规模的总分数据某种程度上不存在逻辑校验关系。

（3）地方缺乏独立的社会融资规模数据统计能力。顺着上条原因的分析逻辑，社会融资规模的部分数据来自地方金融职能部门，部分数据来自人总行的反馈，这就意味着地方金融部门没有独立统计社会融资规模的能力。地方可以提供的社会融资规模部分结构数据中，比如本外币贷款，汇总数据与人总行的社会融资规模数据中该子项是高度一致的，而另一部分结构数据来自人总行的反馈，数据分配的校验关系一定是等于或者小于总数的，这也就能合理解释地区社会融资规模增量汇总后小于人总行公布的国内总数。

表 3-3　两种统计方法得到的全国社会融资规模增量及误差率

时间	社会融资规模增量（亿元）（31个省市区汇总）	社会融资规模增量（亿元）（人总行公布数据）	误差率（%）	GDP误差率（%）
2013-12	162359.00	173169.00	6.66	6.25
2014-03	53184.00	56042.00	5.37	-5.25
2014-06	100382.00	105675.00	5.27	2.19
2014-09	122680.00	128441.00	4.70	2.71
2014-12	157018.00	164571.00	4.81	6.70
2015-03	45461.00	46071.00	1.34	-4.99

续 表

时间	社会融资规模增量（亿元）（31个省市区汇总）	社会融资规模增量（亿元）（人行公布数据）	误差率（%）	GDP误差率（%）
2015-06	85545.00	88068.00	2.95	1.91
2015-09	114831.00	119408.00	3.99	2.63
2015-12	145982.00	154086.00	5.55	5.47
2016-03	64549.00	65859.00	2.03	-0.72
2016-06	92737.00	97539.00	5.18	1.85
2016-09	127051.17	134663.00	5.99	2.64
2016-12	166549.52	178022.00	6.89	4.27
2017-03	65097.00	72142.00	10.82	-0.36
2017-06	103603.89	122013.00	17.77	1.72
2017-09	144197.01	176961.00	22.72	3.57
2017-12	179205.89	223969.00	24.98	4.23
2018-03	54156.92	58550.88	8.11	0.28
2018-06	87629.41	100722.19	14.94	1.43
2018-09	147664.78	153749.00	4.12	1.15
2018-12	183544.52	192584.00	4.92	1.60
2019-03	80521.00	81773.00	1.55	1.02
2019-06	129725.65	132271.00	1.96	1.40

2. 社融增量的区域分布不平衡。遵循国家"七五计划"中的东、中、西部划分标准，对社会融资规模增量数据进行运算处理后，发现如下特征：东部地区的社会融资规模增量始终占到全国份额的50%以上，西部和中部地区社会融资规模增量相

当，都在 25% 上下波动。这也充分说明社会融资规模的形成与经济发达程度存在密切的关系。一方面发达的经济需要一定规模的融资支撑，另一方面较大的融资规模对经济发展促进作用也很大。区域经济发展整体水平越高，区域内优质的实体经济（主要指企业）就越多投入产出的效率越高，因此信用创造的能力越强。相反，地区经济发展的水平不高动力不足时，信用扩张的动力就相对较弱，融资和区域经济发展的互动就不顺畅。

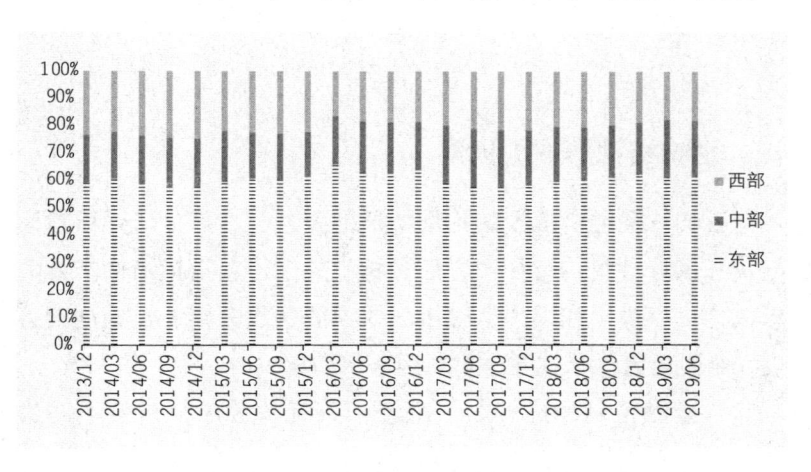

图 3-17 东中西部社会融资规模季度增量占比结构图

3. 社会融资规模增量集中度比较高。 从 2013 年四季度统计期开始至 2019 年二季度，将 23 个季度统计数据汇总后，社会融资规模增量前十名如下：广东 27.6 万亿元、江苏 26.2 万亿元、北京 18.8 万亿元、浙江 17.2 万亿元、山东 15.1 万亿元、上海 13.7 万亿元、四川 11.1 万亿元、河南 11 万亿元、湖北 10 万亿元、河北 9.4 万亿元。可以看出，东部省份 7 个，西部省份 1 个，中部省份 2 个。广东和江苏两省的社融资量均超过 20 万亿元，是较大量级，平均季度增量超过1万亿元。10万亿元~20亿元省份7个，低于10万亿省份1个。前10名70%集中在东部地区，前5名占前10名增量总和的63%，增量仍然集中在排名靠前的省份，头部优势大。不难发现，社融增量集中的省份不仅是经济发达，而且第三产业繁荣，大项目大型企业聚集。相对于第一产业占比高的省份，第二产业和第三产业明显更符合现代金融中介信用扩张的标准和要求，因此产业结构也形成了融资特点。

三、影响结构形成的因素

影响社会融资规模结构性特征的因素，本部分从子项指标结构和区域性结构特征两方面分析。关于子项指标结构特征的形成，可以说，和国内金融市场体系的建立完善、金融创新力度、金融监管水平这几个重要因素密切相关。

1. 金融市场的结构。 社融子项指标构成中，按照不同维度，可以分为来自银行、证券、保险等金融市场不同部门的资金，来自直接融资方式、间接融资方式和保险补偿渠道的资金。各金融部门和金融工具的发展速度、发达程度不同，就会直接影响各类资金对社会融资规模的贡献。我国金融市场体系形成了银行业金融机构为主、证券业和保险业不断发展的格局。传统银行在我国起步早、市场优势地位明显，至2018年末，银行业总资产268.24万亿元，证券业总资产6.95万亿元，保险业总资产18.33万亿元，银行业在金融市场中占绝对份额。这就使得信贷投放在社会融资规模中同样占绝对份额。图3-18给出了2008年末至2019年二季度末，银行业、证券业和保险业总资产增长情况，其中证券业和保险业资产增幅波动较大。这说明国家在鼓励健全多层次资本市场发展的过程中，证券业和保险业也在努力寻求发展，不断壮大。

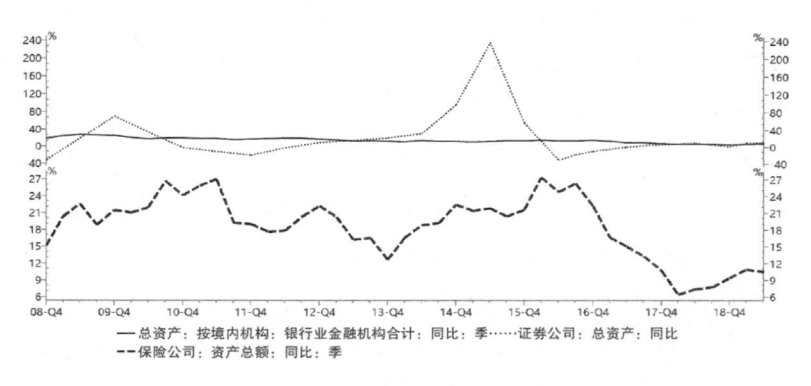

图 3-18　银行业、保险业和证券业总资产同比增速

2. 金融创新力度。随着市场经济体系的不断完善，金融创新已经成为推动金融发展和经济发展的重要力量。在社会融资规模的子项指标中，除了银行的贷款投放被称为传统融资方式，委托贷款、信托贷款、银行承兑汇票以及股票、债券等将随金融创新步伐而不断成长的融资工具，越来越受到货币当局和监管部门的关注，也受到资金需求部门的关注和青睐。也正是因为融资方式的多元化和复杂化，才使得传统信贷不能完整的反映整个经济的融资情况，社会融资规模才应运而生。

3. 金融监管水平和力度。金融创新是一把双刃剑。一方面创新可以突破传统信贷的限制，为实体经济提供为多元的融资工具和融资服务；另一方面创新也会规避现有的监管要求，为资金逐利提供便利。我国金融监管体系的变迁过程，也是从混业监管到分业监管，又到部分分业监管的框架。经历了长时间的混业监管,从1995年证券公司的监管职能由中国央行交由中国证监会,1998年保险业的监管职能由中国央行移交到保监会,2003年对银行业的监管由中国央行交由银监会,至此一行三会的分业监管体系一直稳定了15年。2018年,国务院机构改革方案中明确了银监会和保监会合并为银保监会,一行两会部分分业监管的中央垂直金融监管体系形成。追溯监管体系变革的历史,正是由于金融业的各个部门寻求发展,业务不断扩大,使得混业监管体系下专业监管水平凸显不足,只有分业监管,才能对各部门形成有效监督。在经历了长期分业监管的过程中,表面上银行、证券和保险等部门各自经营,实际上通过金融工具的不断创新,各部门的资金流向在更深层次已经交叉使用,分业监管的弊端显露,又需要混业监管加强真空地带、空白地带的监督。在监管体系的变革和监督力度的强化过程中,银行业务出表,表外业务量增大,繁荣时已经扩张到"表外外"业务。强化监管后的资金回表,造成表外业务收缩,表内业务逐步稳定回升。在这个变化过程中,社会融资规模的子项指标结构就发生了变化。造成的两种变化是:一是当社会融资规模总量或者增量增加或减少时,结构性指标因各个部门发达程度的不同,受监管力度不同,致使对总量或者增量的贡献不同。二是当总量或者增量没有较大变化时,由于监管的关注程度,结构性指标的贡献也体现出不同的区域社融结构。关于影响社会融资规模中区域性指标的因素,重点有以下3个:

(1)地区经济发展水平。经济发展水平较高的地区,在长期的发展中积累了很多优质企业,形成了较为完整的产业链条,融资风险小回报率高。经济发展落后地区,多是缺少优质企业、龙头企业带动,产业发展不理想,资金投入不仅回报率低而且风险大。因此，经济发展水平越高的地区社会融资规模的增长越是稳定的，资金投入和经济发展容易形成良性循环。

（2）地区产业结构。就融资的可获得性来看，农业获得融资支持的能力相比工业和服务业，相对较差。也就是说以第一产业为主，第二产业和第三产业相对较弱的区域获得融资支持的难度较大。主要原因是我国农业生产的集约化程度和效率都不高，加之农业生产面临的自然风险较大，稳定性差，缺少抵押担保等必要的融资条件，因此长期依赖农业生产部门的融资支持获得率明显低于其他产业。

（3）区域金融市场的发达程度。区域范围内金融机构较多，金融市场各部门均能提供金融服务，市场发达就为实体经济提供了多种可利用的融资工具。相反，区域金融发展水平较低，实体经济只能利用传统贷款等单一方式获得资金支持，贷款规模的限制将会造成区域内实体经济融资竞争加剧，资金可获得率低。

第四节 波动的动态相关性分析

本章前三节重点描述了社会融资规模存量、增量和结构性特征的运行情况、形成过程和影响因素，按照本章存量、增量的结构逻辑，本部分运用定量方法对社会融资规模与相关经济金融变量的动态相关性进行量化分析，展现它们之间的时变特征。

一、DCC-GARCH 模型及变量选取

DCC 是 Dynamic Conditional Correlation 的缩写，DCC-GARCH 即动态条件多元的 GARCH 模型，也就是在广义的自回归条件异方差（ARCH）模型基础上拓展而来。1982 年，美国学者 Robert Engle 提出了 ARCH 模型[1]，它是把当前所有可利用信息作为条件，采用某个自回归形式来刻画方差变异。对时间序列来说，随时间变化可利用信息出现变化，相应的条件方差也不

---

[1] 在《基于自回归条件异方差的英国通货膨胀率》文章中，Engle 创造性地提出以自回归条件异方差（ARCH）模型刻画英国通货膨胀率中存在的条件异方差。

同。① 该模型的优势在于可以刻画出随时间而变异的条件方差。ARCH（q）模型表达式为：

条件均值方程：

$$y_t = \beta X + \varepsilon_t$$

ε_t 服从 $N(0, \sigma_t)$ 的条件分布， （3-1）

残差方程：

$$\sigma_t^2 = \alpha_0 + \alpha_1 \varepsilon_{t-1}^2 + \ldots + \alpha_q \varepsilon_{t-q}^2$$

α_0 为常数，ε_{t-1}^2 为滞后的残差平方。 （3-2）

在此基础上，很多学者对 ARCH 进行了改进和拓展，其中 GARCH（Generalized ARCH）是第一次重大突破，之后大部分 ARCH 模型的创新成果都是在 GARCH 基础上改进获得的。1986 年美国经济学家波勒斯列夫提出了 GARCH 模型[②]，它针对金融时间序列"尖峰厚尾"的特征，对误差扰动项的方差进一步进行了自回归。③ GRACH（p，q）模型残差方程形式如下：

$$\sigma_t^2 = \alpha_0 + \alpha_1 \varepsilon_{t-1}^2 + \ldots + \alpha_q \varepsilon_{t-q}^2 + \beta_1 \sigma_{t-1}^2 + \ldots + \beta_p \sigma_{t-p}^2$$
（3-3）

3-3 式中，p 为 σ_t^2 的自回归阶数，q 为 ε_t^2 的滞后阶数。

2002 年，Engle 在美国经济学家波勒斯列夫提出的常数条件相关模型（CCC-GARCH）基础上，提出了动态条件相关模

---

① Engle, Autoregressive Conditional Heteroscedasticity with Estimates of the Variance of United Kingdom Inflation, *Econometrica*, 1982(4):987-1007.
② 1986 年，Bollerslev 在《经济学》杂志上发表了题为《广义自回归条件异方差》的文章，首次提出了附带扰动项自回归部分的广义自回归异方差模型。
③ Bollerslev, Generalized autoregressive conditional het Eroskedasticity, EERI *Research Paper Series*, 1986(3):307-327.

型(DCC-GARCH),即通过一个可变的条件相关系数来描述不同序列之间波动相关的时变性。[①]

模型估计:DCC 模型假设涉及的各时间序列之间的相关系数是动态的相关系数,其基 y 本表达式如下:

条件均值方程: $y_t = \mu_t(\theta) + \varepsilon_t$ (3-4)

3-4 式中,$\{y_t\}$ 为 $N \times 1$ 维随机过程向量,$\mu(\theta) = \{\mu_{1t}, \ldots \mu_{Nt}\}$ 是条件均值向量,ε_t 为条件均值方程的随机扰动项,均值为零;

扰动项方程:$\varepsilon_t = H_t^{0.5}(\theta) Z_t$ (3-5)

3-5 式中,等号右侧为 N 阶正定矩阵,H_t 为条件方差矩阵,该矩阵的正态模型为 $\varepsilon_t | \varphi_{t-1} \sim N(0, H_t)$。在 t 时刻,对数似然函数假设形式如下:

$$L_t(\theta|\varphi_{t-1}) = -\frac{1}{2}(n \ln 2\pi + \ln|H_t| + \varepsilon_t' H_t^{-1} \varepsilon_t)$$ (3-6)

条件方差矩阵 H_t 可以根据方差—协方差矩阵的定义,进一步分解为:

$$H_t = (h_{ij}, t) = D_t R_t D_t$$ (3-7)

3-7 式中,D_t 是由时变标准差得 N 阶对角矩阵,R_t 是时变相关矩阵,具体形式如下:

$$D_t = \begin{pmatrix} d_{1,t} & 0 & \cdots & 0 \\ 0 & d_{2,t} & \cdots & 0 \\ \vdots & \vdots & \ddots & \vdots \\ 0 & 0 & \cdots & d_{n,t} \end{pmatrix} \quad R_t = \begin{pmatrix} 1 & r_{12,t} & \cdots & r_{1n,t} \\ r_{21,t} & 1 & \cdots & \vdots \\ \vdots & \vdots & \ddots & \vdots \\ r_{n1,t} & r_{n2,t} & \cdots & 1 \end{pmatrix}$$

[①] Jones and Olson, The time-varying correlation between uncertainty, output, and inflation: Evidence from a DCC-GARCH model, *Economics Letters*, 2013(1): 33-37.

于是 3-7 式可以改写为：

$$L_t(\theta|\varphi_{t-1}) = -\frac{1}{2}(n\ln 2\pi + \ln|D_t R_t D_t| + \varepsilon' D_t^{-1} R_t^{-1} D_t^{-1}\varepsilon) \quad (3\text{-}8)$$

再令 $\mu_t = D_t^{-1}\varepsilon$，所有时刻对数似然函数之和可以表示为：

$$\begin{aligned}L(\theta) = \sum L_t(\theta|\varphi_{t-1}) &= -\frac{1}{2}\sum(n\ln 2\pi + \ln|D_t|^2 + \mu'\mu) \\ &\quad -\frac{1}{2}\sum(\ln|R_t| + \mu' R_t^{-1}\mu - \mu'\mu)\end{aligned} \quad (3\text{-}9)$$

3-9 式有很明显的结构性特征，可以拆分为如下形式：

$$\begin{aligned}L(\theta) &= L_V(\theta) + L_C(\theta) \\ L_V(\theta) &= -\frac{1}{2}\sum(n\ln 2\pi + \ln|D_t|^2 + \mu'\mu) \text{（波动部分）} \\ L_C(\theta) &= -\frac{1}{2}\sum(\ln|R_t| + \mu' R_t^{-1}\mu - \mu'\mu) \text{（相关部分）}\end{aligned} \quad (3\text{-}10)$$

于是，模型估计的大概步骤便显而易见：一是估计似然函数的波动部分，即分别对各时间序列进行极大似然估计，然后求标准差矩阵 D_t；二是对似然函数的相关部分估计，根据前一部分条件方差的波动情况，计算时变相关矩阵 R_t。该模型对时间序列建模进行分析时，最终需要分成三个部分，即趋势部分、周期部分和随机扰动部分，随机部分也称为残差项或者误差项。在计量经济学中，随机项必须是白噪声序列，这样模型才具有经济意义。因此，采用什么方法产生服从正态分布的白噪声随机项是呈现动态相关系数的关键。

从社会融资规模的运行实际看，金融市场的相关变量、宏观经济的主要变量都在时刻发生变化，动态相关系数能够更好地在较长时间跨度内刻画社会融资规模的形成与相关经济金融指标的动态相关性。

依照上部分的分析思路，本部分对动态相关性的检验作了分类处理，分别选取了社会融资规模存量数据①和社会融资规模增量数据，以及与之对应的其他变量的存量口径和增量口径数据进行实证分析。

二、社会融资规模存量与相关变量的动态相关性

选取 2003 年 1 月—2019 年 6 月社会融资规模存量月度同比增速和广义货币供给量 M2，狭义货币供给量 M1，货币乘数 HBCS 以及金融机构人民币存款余额 CK 四个相关变量的月度同比增速（表 3-4）。数据分别来自万得数据和中国人民银行官网，对数据进行消除季节性因素的影响和 HP 滤波去趋势处理后进行必要检验，通过检验后进行动态相关系数估计。具体步骤和检验结果如下：

1. 描述性统计分析。利用 Eviews8.0 对变量进行描述性统计检验。从各变量偏度看，所有变量的偏度值都大于 0，说明变量的分布都不具有对称性，而且都是长的右拖尾。从变量峰度看，所有变量的峰度值都大于 3，说明变量的凸起程度是大于正态分布的。从 J-B 统计量看，所有变量在 J-B 统计量下显示的接受原假设的概率都很小，也就是说变量的分布均不符合

---

① 社会融资规模存量数据并不完整，2002—2015 年央行只公布了年度数据，2016 年公布了季度数据，2017 年 1 月开始定期公布月度数据。DCC-GARCH 模型的优势是高频率数据分析，因此在分析社融存量动态化波动事实的部分，根据已有完整的增量数据，对 2003 年 1 月—2016 年 12 月的存量月度数据进行了补齐。外币贷款按汇率折算可能造成一定的误差，但外币贷款占比较小，对数据的趋势性和整体准确性影响不大。

正态分布。进一步观察所有变量的 QQ 图（图 3-19），可以论证"尖峰厚尾"的形态特征。所以，不符合正态分布的时间序列适用于 DCC-GARCH 模型。

表 3-4　变量的相关描述性统计量

	SR	M2	M1	HBCS	CK
Mean	−0.002655	−0.004671	−0.01209	2.54E−11	−0.004635
Median	−0.4532	−0.1544	−0.131726	−0.934725	−0.188777
Maximum	9.4725	8.2233	18.8447	22.10118	6.752542
Minimum	−6.7521	−5.8696	−13.48712	−16.23593	−4.096392
Std. Dev.	3.014648	2.251148	4.857454	6.487629	2.032925
Skewness	0.56108	1.004375	0.369072	0.646382	0.899651
Kurtosis	3.41749	5.68056	4.17271	3.954398	4.324101
Jarque−Bera	11.767	92.10142	15.76087	21.19487	40.9656
Probability	0.002785	0	0.000378	0.000025	0
Sum	−0.523	−0.9201	−2.381714	5.00E−09	−0.913165
Sum Sq. Dev.	1781.268	993.2626	4624.593	8249.507	810.0259
Correlation with SR	1	0.597827	0.68484	0.262225	0.579293
Observations	197	197	197	197	197

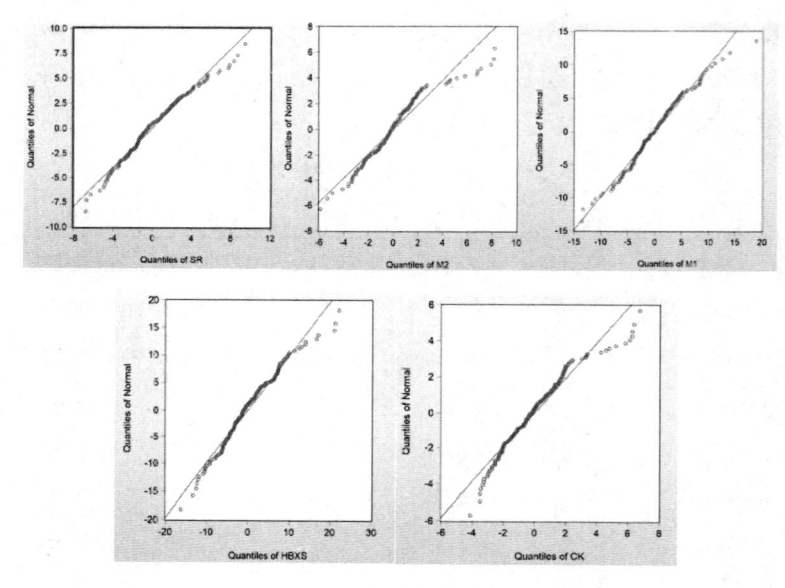

图 3-19　变量 QQ 图

2. 平稳性检验。 采用 ADF 单位根检验进行变量平稳性检验（表 3-5）。检验结果显示，所有变量的时间序列都是平稳的，在 1% 的显著性水平下，T 统计量绝对值大于临界值绝对值，变量均不在单位根。因此，可以继续进行实证分析。

表 3-5　社融存量与相关变量平稳性检验结果

序列	T 统计量	临界值	P 值	结论	备注
SR	−4.560811	−3.464280***	0.0002	平稳	原序列
M2	−4.533722	−3.464101***	0.0002	平稳	原序列
M1	−3.924979	−3.465780***	0.0023	平稳	原序列
HBCS	−4.058478	−3.465977***	0.0014	平稳	原序列
CK	−3.723947	−3.463576***	0.0044	平稳	原序列

注：*** 表示在 1% 的显著性下水平拒绝原假设

3. 时间序列的 ARCH 效应（异方差）检验。 在明确了各时间序列的平稳性后，对所有时间序列进行 ARCH 效应检验，若时间序列存在异方差，则使用 DCC-GARCH 模型是合理的。采用 AIC、SC 确定了变量的最佳滞后期数为 1，运用于异方差检验。观察变量的 ARCH 效应，滞后 1 期 P 值均非常小，这些序列是存在异方差效应的。因此，可以使用 DCC-GARCH 模型对时间序列进行动态估计。

表 3-6 社融存量与相关变量 ARCH 效应检验

序列	F 统计量	滞后期	P 值
SR	596.0428	1	0.0000
M2	876.2486	1	0.0000
M1	219.2845	1	0.0000
HBCS	259.7549	1	0.0000
CK	674.76	1	0.0000

4. DCC-GARCH 估计。 当变量通过平稳性和异方差检验时，可以进行 DCC 模型估计。估计过程分为两步，一是对变量进行模型拟合得到相关参数；二是参数通过检验后，进行相关系数估计。使用 GARCH（1，1）模型对社会融资规模存量增速 SR 与 M2、M1、HBCS、CK 进行拟合，得到参数如表 3-7 所示。当参数估计满足 $\alpha + \beta < 1$ 时的约束条件时，可以继续进行动态相关系数估计。

表3-7 GARCH模型估计结果相关参数

变量	ARCH项系数 a	GARCH项系数 β	$a+\beta$
SR-M2	0.098280834	0.900603929	0.998884
SR-M1	0.161443639	0.837423702	0.998866
SR-HBCS	0.166216804	0.824646015	0.9908628
SR-CK	0.161557508	0.837933675	0.99949118

根据每组相关系数随时间变化产生的相关系数值，利用折线图将这些相关系数描述出来，形成SR与M2、SR与M1、SR与HBCS、SR与CK的动态化波动特征。

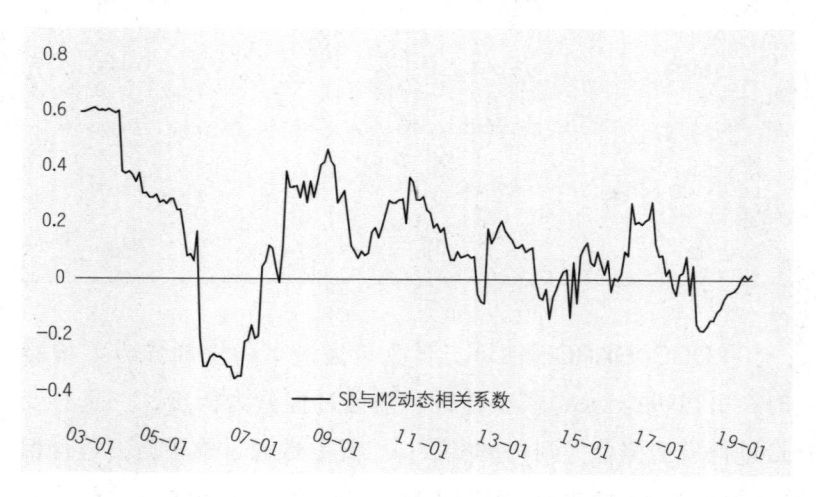

图3-20 社融存量与M2的动态相关性

一是社会融资规模存量与广义货币供应量的动态相关性。可以看出，大部分时间两者是正向相关关系，但是相关性大小并不稳定，波动明显。其中2005—2007年突然出现负相关关系，负相关关系数接近-0.4，2014年以来出现负相关关系的时间频率较之前明显提高。

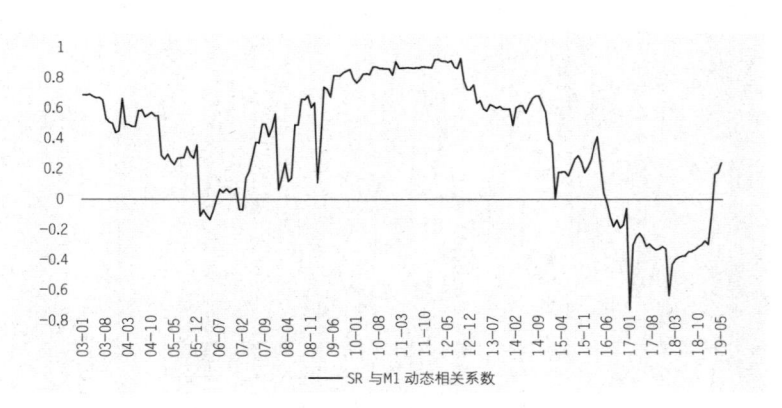

图 3-21 社融存量与 M1 的动态相关性

二是社会融资规模存量与狭义货币供应量的动态相关性。两者在 2017 年之前，绝大部分时间是正向相关关系，其中 2007—2015 年之间呈现稳定的高度相关性，相关系数在 0.5~0.75 之间波动，这说明 M1 与社会融资规模存量增速的关系有较强的正向周期特征。

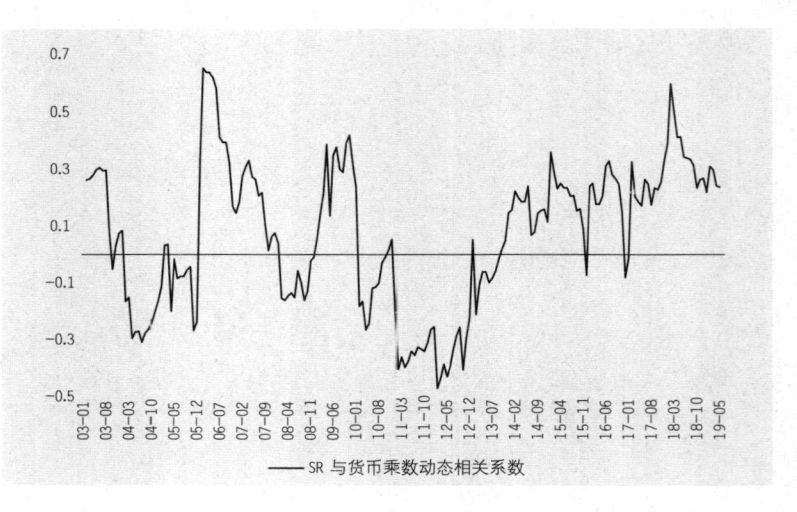

图 3-22 社融存量与货币乘数的动态相关性

三是社会融资规模存量与货币乘数的动态相关性。2012年之前，两者相关关系波动性较大，正向相关和负向相关随时间变化相互交叉。2012年之后，两者基本是正向相关关系，而且相关系数围绕 0.25 上下波动，稳定性较强。

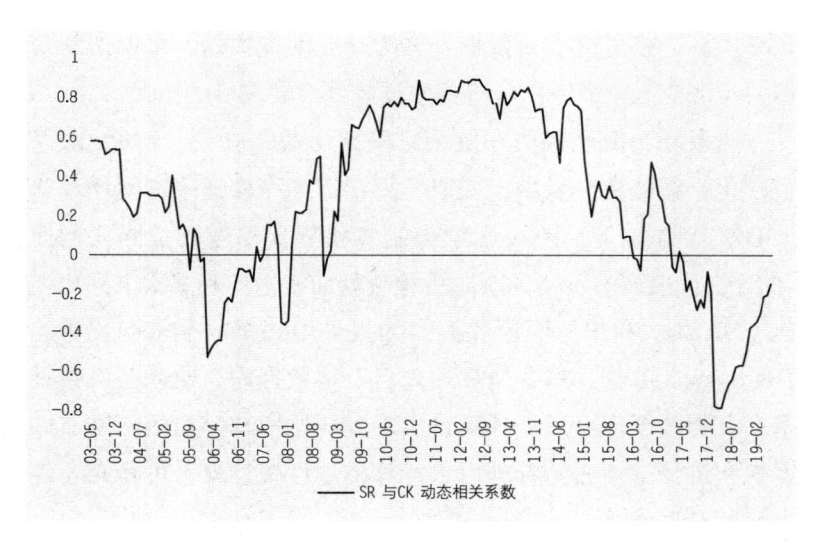

图 3-23　社融存量与 CK 的动态相关性

四是社会融资规模存量与人民币存款余额之间的动态关系。两者之间的相关关系走势图与社融与 M1 走势图相似，2005—2014 年呈现逐步上升，并趋于稳定，相关系数在 0.7 上下波动。2014 年之后，相关关系波动性扩大，特别是在 2017—2018 年相关系数达到 –0.75，是统计期内的最低值。

三、社会融资规模增量与相关变量的动态相关性

上部分主要是社融存量与统计频度较高的金融变量之间的共变性分析。与社会融资规模增量相互影响的经济变量多为季度统计频率的变量，虽然社融增量统计频率是月度，但与存量指标最大的区别在于增量指标的变动幅度较大，稳定性相对差。因此本部分进行实证分析时，对社会融资规模增量数据进行了

频率换算，将月度增量数据合并为季度增量数据，可以达到与相关经济变量频度匹配、避免增量数据极端波动的情况。

选取社会融资规模季度增量同比增速（SRz）反映社融增量变化。在经济变量中，选取了固定资产完成额季度同比增速（GDZC）选取了反映社融结构的各项贷款季度增量同比增速（DK），代表资金价格的金融机构贷款加权平均利率季末同比增速（DKLL）和银行间同业拆借加权平均利率的季末同比增速（Bankrate）数据，这些数据均来自万得数据库，或者基础数据来自万得数据库，后经计算得出季度同比增速。在消除季节性因素和进行滤波去势处理后，计算描述性统计量，进行必要性检验和 DCC 估计，具体过程如下：

1. 描述性统计分析。对变量进行描述性统计检验。从各变量偏度看，所有变量的偏度值均不等于 0，说明变量服从的分布都不具有对称性，左（负值）、右（正值）拖尾均存在。从变量峰度看，所有变量的峰度值均不等于 3，说明变量的凸起程度是大于（值大于 3）或者小于（值小于 3）正态分布的。从 J-B 统计量看，大部分变量在 J-B 统计量下显示的接受原假设的概率都很小，也就是说变量的分布均不符合正态分布，Bankrate 和 HBCS 的 J-B 统计量概率偏大，但结合峰度和偏度数值，也不符合正态分布。进一步，观察所有变量的 QQ 图（图 3-24），可以论证"尖峰厚尾"的形态特征。所以，不符合正态分布的时间序列适用于 DCC-GARCH 模型。

表 3-8　变量的相关描述性统计量

	SR	GDZC	DK	DKLL	BANKRATE
Mean	−1.908	−5.727	−5.727	0.000	3.113
Median	−6.457	−4.460	−4.460	2.044	7.231

续 表

	SR	GDZC	DK	DKLL	BANKRATE
Maximum	76.853	33.990	33.990	37.692	91.276
Minimum	−51.950	−70.904	−70.904	−38.427	−76.146
Std. Dev.	29.877	22.088	22.088	13.631	39.997
Skewness	0.653	−0.896	−0.896	−0.019	0.204
Kurtosis	2.801	4.344	4.344	4.066	2.429
Jarque−Bera	2.913	8.361	8.361	1.897	0.821
Probability	0.233	0.015	0.015	0.387	0.663
Sum	−76.302	−229.088	−229.088	0.000	124.536
Sum Sq. Dev.	34813.41	19026.74	19026.74	7246.02	62390.91
Correlation with SR	1.0000	1.0000	0.5986	0.5986	0.3760
Observations	40	40	40	40	40

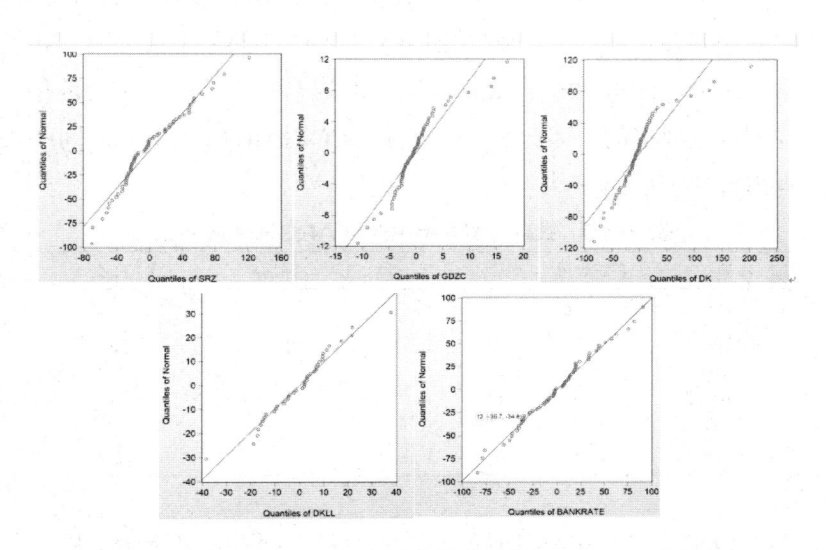

图 3-24 变量 QQ 图

2. 平稳性检验。 采用 ADF 单位根检验进行变量平稳性检验（表 3-9）。检验结果显示，所有变量的时间序列都是平稳的，在 1% 和 5% 的显著性水平下均不在单位根。因此，可以继续进行实证分析。

表 3-9 ADF 检验的相关参数

序列	T 统计量	临界值	P 值	结论	备注
SRz	−5.678869	−3.540198***	0.0000	平稳	原序列
GDZC	−3.946485	−3.536587***	0.0030	平稳	原序列
DK	−4.058478	−3.465977***	0.0014	平稳	原序列
DKLL	−3.445022	−2.941145**	0.0154	平稳	原序列
Bankrate	−3.458506	−2.906923**	0.0123	平稳	原序列

3. 时间序列的 ARCH 效应（异方差）检验。 在明确了各时间序列的平稳性后，对所有时间序列进行 ARCH 效应检验，若时间序列存在异方差，则使用 DCC-GARCH 模型是合理的。观察变量的 ARCH 效应，滞后 1 期 P 值均非常小，这些序列是存在异方差效应的。因此，可以使用 DCC-GARCH 模型对时间序列进行动态估计。

表 3-10 社融存量与相关变量 ARCH 效应检验

序列	F 统计量	滞后期	P 值
SRz	5.756267	1	0.0194
GDZC	15.98063	1	0.0002
DK	12.61787	1	0.0007
DKLL	7.623483	1	0.0089
Bankrate	16.99317	1	0.0001

4. DCC–GARCH 估计。 与上部分社会融资规模存量的模型估计步骤一致，当参数估计满足 $a + \beta < 1$ 时的约束条件时（见

表 3-11），可以继续进行动态相关系数估计。DCC 估计对 SRz 与 DK、SRz 与 DKLL、SRz 与 GDZC、SRz 与 Bankrate 每一组相关系数都产生了随时间变化的一组数值，利用折线图将这些相关系数描述出来。

表 3-11　GARCH 模型估计结果相关参数

变量	ARCH 项系数 α	GARCH 项系数 β	α + β
SRz-DK	0.041982	0.890628	0.93261
SRz-DKLL	0.166216804	0.824646015	0.9908628
SRz-GDZC	0.161557508	0.837933675	0.99949118
SR-Bankrate	0.220393	0.595543	0.815936

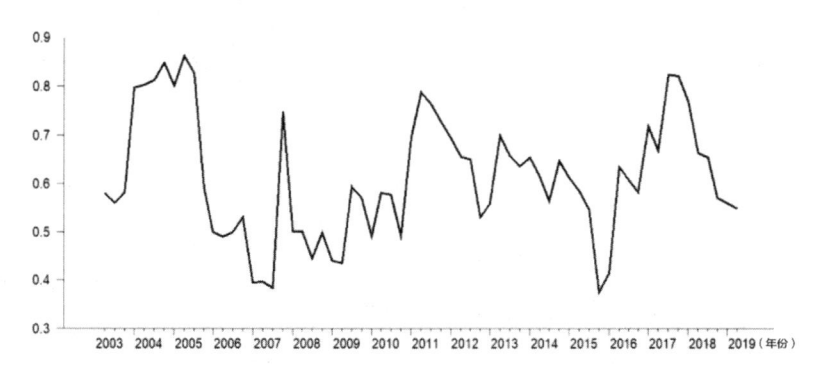

图 3-25　SRz 与贷款增量的动态相关系数走势

一是社融增量与贷款增量的动态相关性。从社融增量本身的结构可知，人民币和外币贷款增量是其一部分，图中的共变性反映了贷款增量在社融增量中比重的变化，在 0.35~0.85 之间波动。

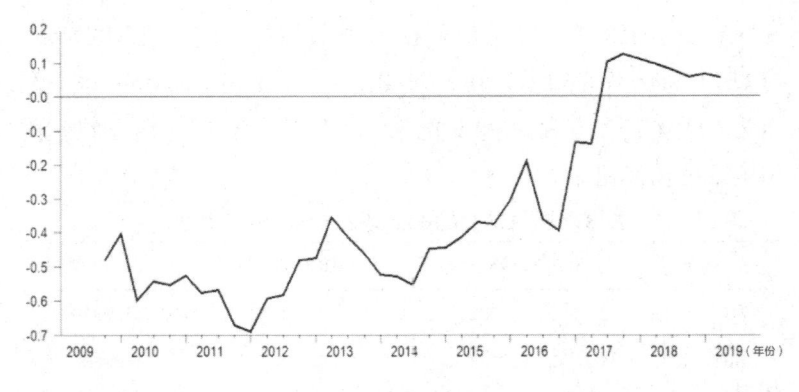

图 3-26 社融增量与贷款利率的动态相关系数走势

二是社会融资规模增量与贷款利率的动态相关性。两者之间的共变性在 2017 年之前负向关系显著，相关系数区间为 −0.4 和 −0.7 之间。2017 年之后在 0.1 上下浮动，相关性的方向发生了变化。

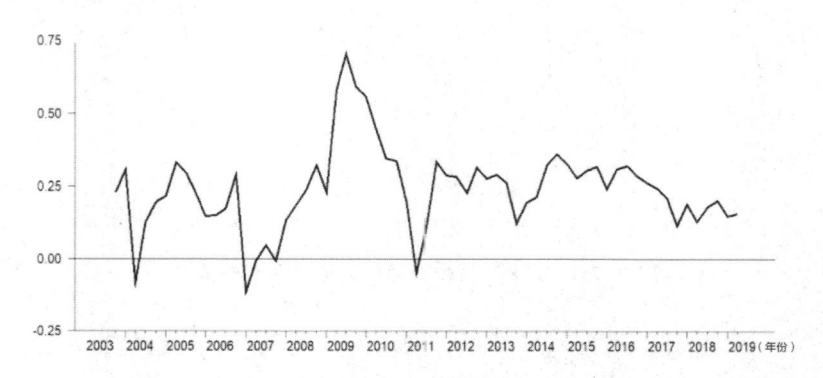

图 3-27 SRz 与固定资产投资的动态相关系数走势

三是社融增量与固定资产投资的共变性。两者表现出比较稳定的相关关系，除个别时间点有负向相关性，大部分时间内相关关系围绕 0.25 上下波动。

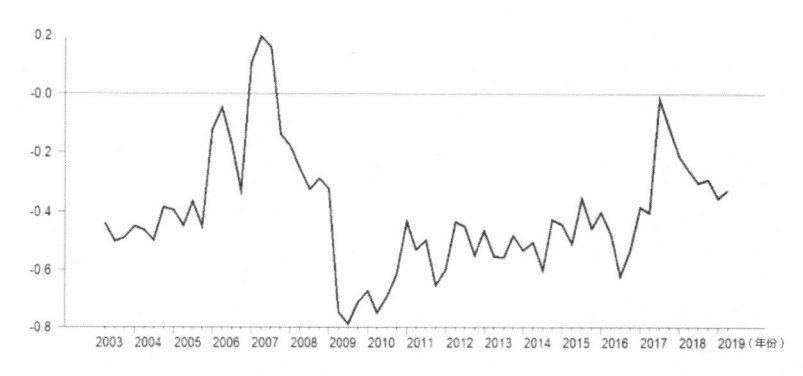

图 3-28 　 SRz 与银行间拆借利率的动态相关系数走势

四是社融增量与银行间拆借利率动态相关性。两者之间除 2007 年出现过一次正向相关性以外，较为稳定的负向相关系数在 -0.5 左右，总体看是比较典型的逆周期关系。

四、主要结论

通过本节前两部分的实证检验，社会融资规模的存量数据和增量数据与相关的经济变量和金融变量之间都存在时变关系。这些时变关系有些较强，有些偏弱，而且正向关系、负向关系均存在，具有非对称性和连续性等一些特点，主要结论如下：

一是长期看来，社会融资规模与货币供应之间的关系越发复杂。狭义的货币供应在经历了较长一段时期与社会融资规模比较稳定、相关性较强的正向关系后（2007—2015 年），转为负向相关关系，而且相关性仍然较强，这种较强的负向相关关系在 2017 年之前没有出现过。也就是说从货币金融运行的角度看，具有强流动性的 M1 向社会融资规模的传导机制发生了明显转变，从高能货币到信用的传导明显受阻。而口径更大的广义货币供应与社会融资规模的关系在 2013 年之后，集中于 0 上下波动，动态相关系数在这一时期内的正负交叉，时变性更加复杂。这些非对称性进一步印证了宏观调控中，宽货币向宽信用传导的困境。

二是短期内，社会融资规模与投资需求、价格因素的动态关联性仍然较强，而对贷款的依赖性逐步减弱。消费、投资和出口是传统的拉动经济增长的三驾马车。除个别极端时点外，固定资产投资与社会融资规模增量的共变性始终为正，2011 年以来，稳定性较强，在 0.25 上下波动。这说明社会融资规模满足固定资产投资的意愿和能力都比较稳定。但是投资拉动融资增长，进一步说拉动经济增长的其他动能并没有随着时间而增强，经济发展仍然需要调结构、转方式，增强内生动力。贷款增量与社会融资规模始终为正的关系，表明贷款增长始终贡献社会融资规模。但是贡献程度来看，近五年来变化较大，相关系数最高 0.8 左右（2017 年），最低 0.35 左右（2015 年），融资方式更加多元化，其他融资方式对社会融资规模的贡献度和影响逐步增强。从量价互换的角度，自 2009 年以来社会融资规模与银行间拆借利率，负相关关系密切，银行间拆借利率的负向变动与社会融资规模的正向变动联动性强。自 2016 年来，贷款价格与社会融资规模的联动性明显弱于银行间拆借利率，贷款价格与社会融资规模由负转正的关联性也反映出贷款在社会融资规模中的影响逐步减弱。

第四章 社会融资规模的信用创造机制分析

20世纪70年代末，国际清算银行（BIS）提出了"宏观审慎"的概念，它主要是一种防范系统性金融风险的监管理念。次贷危机出现后，美国、欧盟等提出将宏观审慎管理纳入金融监管，2010年我国央行也开始启动宏观审慎监管。宏观审慎监管侧重于对金融机构整体行为和机构之间相互影响的监管，其监管目标是维护金融稳定，防范系统性金融风险，保证经济增长。

社会融资规模是从金融市场整体出发，将金融机构资产方的信用总量统计出来，按照货币政策传导的信用观点，它的形成是金融市场上所有中介主体进行信用创造的结果。因此，从宏观审慎监管理念看，社会融资规模是有效的统计工具。理解社会融资规模的核心在于理解现代货币制度下的货币和信用创造，也就是说，社会融资规模是基础货币在某种信用创造机制的作用下动态地由金融市场主体进行信用创造形成的，这是社会融资规模形成的关键所在。[①] 而融资行为形成的信用创造，一方面可以提供流动性，为经济发展注入资本，促进经济增长；另一方面过度融资的信用创造会产生金融泡沫，形成金融风险。因此，融资和信用创造的适度性是宏观审慎管理和宏观经济调控的重点。

本章遵循从特殊到一般、从静态到动态的研究范式，对社

---

① 吴晓灵：《解读社会融资规模加快金融改革步伐》，载《科学发展》2012年第4期，第26—32页。

会融资规模的信用创造机理进行研究，主要内容从两条路径展开：一是运用业务案例，从静态资产负债表复式记账角度，还原融资业务的发生过程和形成信用创造的路径，说明社会融资规模中不同业务类型的信用创造；二是将社会融资作为影响因素，构建具有普遍性的社会融资行为[①]影响的信用创造模型，利用乘数效应观察社会融资规模形成的信用创造机制。

---

① 本章中提到的"社会融资行为"，均是特指形成"社会融资规模统计数据"的融资行为。

第一节　社会融资规模的信用创造路径模拟

社会融资信用创造的复杂性在于它是传统与新兴两类信用创造主体，两类信用创造方式的交叉融合。① 信用创造是通过金融机构的资产负债变化实现的，因此本部分以金融市场的中介主体获得资金为编制资产负债表的起点，对表内业务、表外业务、直接融资等业务形式发生后引起的资产负债变化进行模拟，从而还原构成社会融资规模业务形式的信用创造路径。

一、表内业务

在社会融资规模构成中，由银行表内业务形成的融资规模包括两部分：人民币贷款和外币贷款，这是银行业金融机构最核心、最基础，也是最传统的业务。在信用货币制度下，中央银行投放基础性货币，通过商业银行发放贷款被认为是信用创造的传统步骤。接下来，商业银行发放的贷款派生出存款，从而实现信用货币的创造。这条信用创造的路径，是商业银行凭

---

① 李扬、周丽萍：《信用创造》，载《金融评论》2014年第1期，第1—12页。

借其资产负债表的扩张和收缩功能,形成的贷款—存款—贷款的信用货币创造链条。[①]

表 4-1 至表 4-5 模拟了从央行投放基础货币为起点,到商业银行发生多次贷款业务后商业银行资产负债表的变化,由此可以完整地还原表内业务进行信用货币创造的路径。

表 4-1　央行投放基础货币后的资产负债表

央行资产		央行负债	
对存款货币银行债权:再贷款	100 万	基础货币	100 万
合计:	100 万	合计:	100 万

假设央行通过再贷款方式向甲银行提供基础货币 100 万元,甲银行全部以人民币贷款的方式投放给 A 公司,此时社会融资规模增加的 100 万元全部是人民币贷款,此时中央银行、甲银行和 A 公司的资产负债表均发生变化。如表 4-1 所示,央行资产负债表发放 100 万再贷款后发生变化。甲银行的资产负债表如表 4-2 所示,资产和负债方均增加 200 万元。其中,向央行借款,产生负债 100 万元;贷款给 A 公司,产生资产 100 万元;贷款投放后,派生 A 公司存款 100 万元;存款派生出来后,在甲银行资产端按照法定存款准备金制度的监管要求(假设 15% 的法定存款准备金率)法存准金账户增加 15 万元,其余部分存入超存准账户。[②] 当所有业务发生记录完毕后,校验符合复式记账准则。

---

① 孙国峰:《信用货币制度下的货币创造和银行运行》,载《经济研究》2001 年第 2 期,第 29—37 页。
② 法存准金、法存准率和超存准账户分别是法定存款准备金、法定存款准备金率和超额存款准备金账户的简称。

表 4-2　甲银行向 A 公司投放贷款后的资产负债表

资产		负债	
人民币贷款：A 公司	100 万	向中央银行借款	100 万
法定存款准备金	15 万	A 公司存款	100 万
超额存款准备金	85 万		
合计：	200 万	合计：	200 万

接下来，甲银行利用超额准备金余额继续向 B 公司、C 公司投放贷款，资产方和负债方的变化如表 4-3 和表 4-4 所示。

表 4-3　甲银行向 B 公司投放贷款后的资产负债表

资产		负债	
人民币贷款：A 公司	100 万	向中央银行借款	100 万
B 公司	85 万	A 公司存款	100 万
法定存款准备金	27.75 万	B 公司存款	85 万
超额存款准备金	72.75 万		
合计：	285 万	合计：	285 万

表 4-4　甲银行向 C 公司投放贷款后的资产负债表

资产		负债	
人民币贷款：A 公司	100 万	向中央银行借款	100 万
B 公司	85 万	A 公司存款	100 万
C 公司	72.75 万	B 公司存款	85 万
法定存款准备金	38.1625 万	C 公司存款	72.75 万
超额存款准备金	61.8375 万		
合计：	357.75 万	合计：	357.75 万

假设实体经济中只包含 A 公司、B 公司和 C 公司，通过向银行申请贷款，三家公司均产生了负债，同时复式记账的资产方也派生出了活期存款。

表 4-5　实体经济资产负债表

实体资产			实体负债		
活期存款：	A 公司	100 万	银行贷款：	A 公司	100 万
	B 公司	85 万		B 公司	85 万
	C 公司	72.75 万		C 公司	72.75 万
合计：		257.75 万	合计：		257.75 万

中央银行在信用货币创造的顶端，货币政策宽松、缩紧和稳健都可以通过投放基础货币和调整法定存款准备金率的方式调节信用货币的创造。通过上述基本情形的模拟，投放 100 万基础货币（法存准率为 15%），经过甲银行 3 次主动发放贷款，创造出 257.75 万元存款，为 A 公司、B 公司和 C 公司组织生产提供了资金保障。当央行降低或提高法存准金率时，例如调低为 10% 时，相同过程创造人民币存款 271 万元；调高至 20% 时，相同过程创造人民币存款 244 万元。将银行通过传统信贷方式的信用创造过程扩展至一般情形，假定法存准金率为 R_d，最初来自央行的基础货币为 B，最终经过 n 次贷款投放创造存款总额为 D，则：$D = B * \sum_{n=0}^{\infty}(1-R_d)^n$。

观察上表可知，发生 3 次贷款业务后，甲银行法存准金账户余额逐渐增多，超存准金账户余额逐渐减少。在没有央行基础货币再次投放时，超存准金账户是银行可动用的发放贷款资金来源。在甲银行有意愿放款的前提下，约束甲银行投放贷款的只是超存准金账户余额。当放款次数足够多，超存准金余额为 0 时，也就是所有准备金都转化为法定的存款准备金，甲银行便没有了信用创造的本金。由于 $0 < R_d < 1$，所以 $0 < 1 - R_d < 1$，因此当 $n \to \infty$ 时，$D = B * 1/R_d$，也就是可以理解为央行基础货币 B 最终派生出 $1/R_d$ 倍的存款量，此时的货币乘数 $m = 1/R_d$。

在社会融资规模中的银行表内业务还包括外币贷款，由于外币贷款跟人民币贷款的性质相同，唯一区别在于数量单位以人民币以外的币种记价，派生存款为外币存款。外币存款的法存准金率与人民币稍有区别，信用创造的路径和机理是一致的，此处便不做重复模拟。

二、直接融资

（一）非金融企业境内股票融资

社会融资规模统计指标中，通过直接融资行为形成的数据有企业债券统计数据和非金融企业境内股票融资数据。社会融资规模中的非金融企业境内股票融资是重要的直接融资方式，公司 A 股市场首次公开募股（IPO），直接获得融资资金。另外，上市公司还可通过增资扩股的方式，再次获得融资资金。这些都是在股票一级市场上进行的操作，计入社会融资规模的统计范畴。而二级市场上的股票交易买卖，仅仅影响股票的市值，对于发行股票的公司的融资行为没有影响，也不在社会融资规模的统计范围。

我国《商业银行法》明确规定，商业银行在中华人民共和国境内不得从事信托投资和股票业务，这也就是说，商业银行不能作为股票融资行为的资金提供方。那么，非金融企业股票融资行为的信用创造路径是怎样的呢？

假设 A 公司（非金融企业）通过 IPO 发行了 200 万元的原始股票，公司 B 公开认购了这 200 万元的原始股票；一年之后，A 公司增资扩股，定向增发 100 万元的原始股。那么，A 公司通过境内股票融资的方式获得的融资金额为 300 万元，也就是说这两次的直接融资行为 A 公司创造了 300 万元的信用，也叫债务。通过企业的直接融资行为只能影响企业自身的资产负债表，不能影响到商业银行的资产负债表，也就是说这种直接融资业务的发生使信用总量得到扩张，却没有创造出信用货币，这是与表内业务的信用创造结果不同的创造路径。

（二）企业债券

社会融资规模中的企业债券，是非金融企业发行的债券，是一种直接融资行为，种类很多，包括企业债、公司债、可转债等，也包括非金融企业债务融资工具，如超短期和短期融资券、中期票据、非公开定向融资工具、资产支持票据等。值得注意的是，企业债券的发行主体是非金融企业，而认购和投资主体则更多的是银行业金融机构，而且记入商业银行表内业务。

这时企业债券融资这一融资行为，就因为认购主体的不同而发生了信用创造路径的差异。当认购主体是非银行的经济主体时，企业债券融资的信用创造路径与股票融资的信用创造路径完全相同，是创造了信用总量而没有创造出信用货币。而当债券认购主体是银行时，债券融资行为的信用创造路径便与本章中表内业务有相同的信用创造功能，创造了信用货币。假设甲银行利用向央行借款购买 A 公司（非金融企业）债券 100 万元，法存准金率仍然为 15%，在资产负债表中，债券资产便增加 100 万元；A 公司售出企业债券后，存款账户增加 100 万元；按照监管要求，缴存法存准金 15 万元，形成超存准金 85 万元。由于购买 A 公司发行的企业债券，而使甲银行的资产负债表发生了变化，如表 4-6 所示。

当商业银行的资产负债表开始扩张时，信用货币便随之被创造了出来。

表 4-6　购买非金融企业债后的甲银行资产负债表

资产		负债	
债券资产	100 万	向中央银行借款	100 万
法定存款准备金	15 万	A 公司存款	100 万
超额存款准备金	85 万		
合计：	200 万	合计：	200 万

在社会融资规模构成中，非金融企业债券和境内股票融资都是实体经济直接融资的渠道，也都是证券市场的重要业务。然而，这两者在整个信用创造过程的作用，功能差异却很大。原因在于，监管规定约束了商业银行资金的去向，不能进入股市而可以购买非金融企业债券。这样，企业债券融资的信用创造功能就不容忽视了。[①]

三、贷款核销

社会融资规模中统计的核销贷款，是不良贷款核销的简称。按照贷款质量的五级分类，除正常类和关注类贷款，次级、可

---

① 孙迪：《债券融资弱化社会总融资行为的货币派生效应研究》，苏州大学，2013 年。

疑和损失类贷款都被划为不良贷款。根据金融监管对不良贷款率的监管考核和不良贷款率对其他业务发展的制约，贷款核销是各存款类金融机构继续拓展业务非常重要的一项工作。从资产负债表的角度看，对于不良贷款，各商业银行每年都会从利润中计提的坏账准备，在负债方专项应付款反映。假设甲银行贷款核销 100 万元，资产方贷款项下损失贷款减少 100 万，负债方坏账准备金减少 100 万，甲银行的资产负债表变化如下：

表 4-7　甲银行贷款核销后的资产负债表

资产		负债	
人民币贷款：损失类贷款	−100 万	专项应付款：坏账准备金	−100 万
合计：	−100 万	合计：	−100 万

贷款核销后，存量风险得到有效处置，整个银行运转更加健康，有更多规模腾挪出可以投放到实体经济。通过模拟贷款核销行为对商业银行资产负债表的影响，可以发现它的信用创造效果是负值，信用货币的存量抵消了不良贷款的存量，信用货币减少了。

四、表外业务

社会融资规模中的表外业务是一种简称，具体是指不计入金融机构资产负债表的业务，包括委托贷款、未贴现的银行承兑汇票、存款类金融机构资产支持证券。委托贷款是金融统计中的一般委托贷款，并不包括现金管理项下的委托贷款，它是由企事业单位及个人等委托人提供资金，由金融机构根据委托人提供的资金金额,指定贷款对象和用途、贷款利率和期限,代为发放、监管使用并最终协助收回。信托贷款是信托公司通过建立信托投资计划吸收一定的资金,将资金用于向规定的单位或项目投放贷款,它也不列入信托投资公司的资产负债表,因此也是表外业务,该统计数据由中国信托业协会提供。未贴现银行承兑汇票是由企业签发的银行承兑汇票,还未到金融机构进行贴现的那部分。按照金融统计制度规定,已贴现的银行承兑汇票属于表内业务,未贴现的部分则属于表外业务。

表外业务的特殊性在于虽然资产负债表不能够反映出它的发生变化,但是与资产负债表的联系紧密,开展业务主体仍然是金融机构,能够影响金融机构收益。这就造成了比较复杂的局面,可能在不受到监管的情况下对金融机构的资产负债表产生了潜移默化的影响。

选择委托贷款作为路径模拟实例,还原表外业务的信用创造路径。假设甲银行受 A 公司委托,承办一笔中间业务,A 公司的闲置资金 200 万元,将其中 100 万元借由 B 公司购买机器设备。A 公司和 B 公司约定好贷款价格、还款期限和还款方式,通过甲银行提供委托贷款服务,发生一笔不计入表内的委托贷款业务。按照承办委托贷款的要求,A 公司在甲银行开设委托存款账户,将原有的银行存款 100 万元转入委托存款账户,通过发放委托贷款的方式投向 B 公司。表 4-8 和表 4-9 分别为发生委托贷款前后甲银行资产负债表。

表 4-8 甲银行初始资产负债表

资产		负债	
法定存款准备金	30 万	A 公司存款	200 万
超额存款准备金	170 万		
合计：	200 万	合计：	200 万

表 4-9 发生委托贷款后的甲银行资产负债表

资产		负债	
法定存款准备金	15 万	A 公司存款	100 万
超额存款准备金	85 万		
合计：	100 万	合计：	100 万

发生委托贷款后，甲银行虽然没有将这笔业务计入表内，但是在甲银行资产负债表内的存款减少了 100 万元，也就意味着可用于表内的放贷资金少了 85 万元。在表外，甲银行对这笔委托业务进行了记账：

借：委托存款（A 公司） 100 万元

贷：委托贷款（B 公司） 100 万元

若 B 公司在使用这笔贷款过程中，通过购买、支付等途径有 x 万元流回了甲银行的存款账户，很容易看出 $0 \leqslant x \leqslant 100$。当 $x = 100$ 时，资金全部流回表内，那么甲银行的可用于信用货币创造的存款仍为 170 万元；若 $x = 0$，则 100 万元的可用资金始终在甲银行的资产负债表以外进行借贷流转，可用于信用货币创造的存款则仍为 85 万元。

发生一次表外业务时，该行为创造的信用总量是增加的，可用于信用货币创造的资金是减少的，而表外业务的回流金额决定了甲银行可用于创造信用货币的资金金额的增减。当然，金融一直运行，表内业务和表外业务都在不停发生，那么可用资金始终分作表内使用和表外使用，表内使用可以创造信用货币，但是可用规模受到法定存款准备金的调节；表外使用可以不停地创造信用总量，而且可用的创造规模没有存款准备金的控制，扣除回流部分可以无限循环。可以确定的是，社会融资规模中表外业务行为，是增加社会信用总量的行为，而对信用货币量的影响，通过静态路径模拟就很难判断[①]，需要下一步运用模型进行动态模拟。

五、其他融资

（一）投资性房地产和保险赔偿

社会融资规模中的投资性房地产，是指金融机构为其资本保值增值，或以赚取资金为目的所持有的房地产。社会融资规模中的保险赔偿，主要是指金融机构中的保险部门，在保险合同期限内，对投保人履行赔偿义务支付的款项，包括财产险赔偿款、意外伤害险赔偿款和健康险赔偿款。

甲银行利用自有资本 5000 万元，购置一处经营性房产，那么甲银行的资产负债表中，负债方无变化，资产方只是科目金额发生变化，具体如表 4-10 所示。

---

① 刘润佐、王光远、罗钢青：《中国式影子银行体系信用创造和扩张机制——从信托公司角度的考察》，载《投资研究》2014 年第 9 期，第 147—152 页。

表 4-10　甲银行投资房地产前后资产负债表

购置前资产		购置后资产	
现金	5000 万	投资性房地产	5000 万
资产合计：	5000 万	资产合计：	5000 万

关于保险赔偿部分，假设自然人小某在意外伤害险合同期间受到意外伤害，符合与丙保险公司签订的保险合同中的赔偿约定，丙保险公司履行合同义务赔偿小某 20 万元，小某用于支付受到意外伤害期间的治疗费用。那么，从小某的角度，获得了保险公司的资金用于解决生活困难；从保险公司的角度，履行了小某投保的保险合同义务。其间只是一种风险补偿关系，没有商业银行介入的信用创造功能。

（二）地方政府专项债券

社会融资规模中的地方政府专项债券，是 2018 年扩大口径的新增标准，它是指地方政府为特定项目发行的、约定一定期限内以这些项目对应的政府性基金或专项收入还本付息的政府债券，它是地方政府债券的一种，区别于针对没有收益公益项目的政府一般债券。

我国地方政府债券的发行和使用先后经历了无息发行、单位摊派（20 世纪八九十年代）、禁止发行（1995 年起实施《中华人民共和国预算法》规定地方政府不得发行地方政府债券）、2009 年起开始正常发行。地方政府专项债券在 2014 年《关于加强地方政府性债务管理的意见》中首次提到，2015 年财政部印发《地方政府专项债券发行管理暂行办法》，2019 年 6 月中共中央办公厅和国务院办公厅印发了《关于做好地方政府专项债券发行及项目配套融资工作的通知》。不难看出，地方政府债券受关注和重视程度越来越高，在不断规范发行和管理的基础上已成为地方政府获取融资的重要工具。

从具体操作看，地方政府债券，其中包括一般债券和专项债券，其发行额度一般是每年3月份全国两会确定的，发行价格略高于一般债券。专项债券更强调专款专用，不得挪用和用于经常性支出，偿还资金也是项目对应收入。目前，地方政府专项债券有新增部分和置换旧债部分，规范和清理地方政府融资平台举债后，新增的政府融资需求可以通过发行债券满足，通过政府融资平台已经产生的债务用地方政府专项债券置换。从这个过程看，地方专项债券的功能除了满足增加的政府资金需求外，还替代了过去银行信贷资金通过政府融资平台对政府的资金投入，是财政政策作用范围对货币政策作用范围的替代。

从地方政府专项债券的购买主体分类，若是居民、企业、机构等自有资金购买地方政府专项债券，对商业银行的资产负债表和信用创造影响是较小的。当商业银行成为地方政府专项债券的购买主体时，影响类似贷款投放。假设甲银行购买了100万元A政府发行的用于筹建当地医院的专项债券，资产负债表的变化如下：

表4-11 甲银行购买A政府专项债券后资产负债表

资产		负债	
可交易金融资产	100万	向中央银行借款	100万
法定存款准备金	15万	A政府存款	100万
超额存款准备金	85万		
合计：	200万	合计：	200万

所以，分两种情况讨论购买地方政府专项债券，当商业银行是购买政府专项债券的主体时，可以通过商业银行资产负债表产生信用创造。当购买主体为非银行经济主体时，政府债券融资行为增加了信用总量，这与本章中的企业债券融资的信用创造路径一致。

（三）其他融资部分

社会融资规模中的其他融资部分，是实体经济从小额贷款公司、贷款公司等非存款类金融机构获取的资金。这些新出现的金融机构形式，为实体经济融资提供了新的途径，但是由于金融监管的严格要求，小贷公司、贷款公司等非存款类金融机构不能吸收公众存款，其贷款投放的资金来源只能通过注册资本和其他自有资金投放，所以也不会派生存款。因此从投放贷款的角度看，是不会增加信用货币创造的，而只是增加了信用总量。

第二节　社会融资规模的信用创造机制

本章第一节按照表内业务、直接融资业务、表外业务和其他融资业务的分类对社会融资规模形成过程中的信用创造进行了路径模拟，得到的结论是：社会融资行为可以创造出新的信用总量，但是对信用货币创造的影响不能简单下结论，这与哈耶克提出的信用创造可以凭空创造出流通领域的货币是不一致的。[①] 而现实情况比上述模拟更为复杂，因为社会融资规模是个动态形成的过程，一方面，受融资期限的约束，贷款、债券、汇票等到期后资金归还，融资规模就抵消了；另一方面，随时会有新的融资需求产生，当新的融资需求通过贷款、发债、发行股票等方式被满足后，新的融资规模又产生了。

---

① Hayek F,Erratum:Reflections on the Pure Theory of Money of Mr.J.M.Keynes,*Economica*,1931(33):270-295.

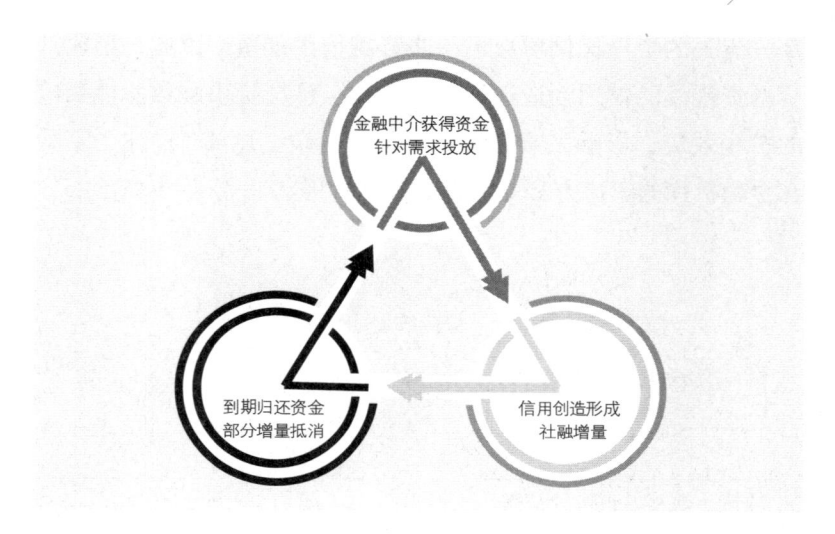

图 4-1 社会融资规模总量的动态信用创造

图 4-1 描述了社会融资规模总体的动态形成过程，在其内部各融资方式会受融资成本、监管要求等因素影响，产生互相替代和影响，可能此消彼长，可能同步增加或减少。由于各种融资方式的信用创造路径具有明显的异质性，所以社会融资规模形成的信用创造过程与传统信贷的信用创造过程相比是非常复杂的。

假设基础货币投放是信用创造的第一步，从第一个环节看，进入商业银行和其他金融机构的基础货币占比、现金占比，对形成社会融资规模的信用创造效应有明显影响。接下来，商业银行用于信贷投放和其他信用创造途径的资金比例也对形成社会融资规模的信用创造产生影响。最后，本轮信用创造完成后，货币进入下一轮信用创造，由于完成第一轮信用创造的货币有可能流出了广义货币供应的统计，在下一轮信用创造开始时这部分流失的货币比例便会进一步影响信用创造。因此，形成社会融资规模的信用创造过程已经超出了传统货币乘数所能反应的扩张效应，影响因素更多、路径更复杂。图4-2描述了资金在金融机构的资产方和负债方的循环过程。

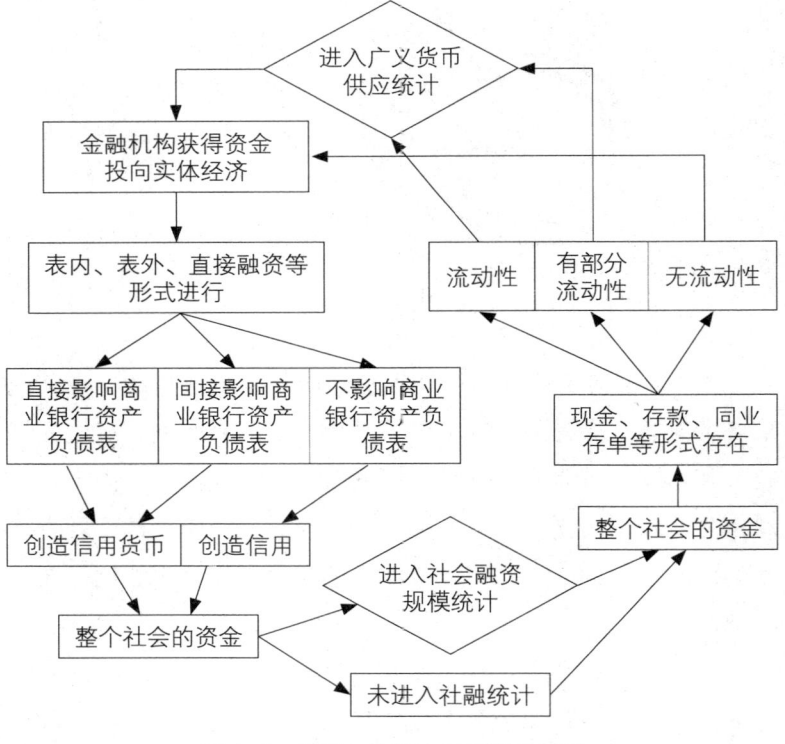

图 4-2　社融与 M2 之间的资金循环

本部分以传统货币乘数模型为理论切入点，在此基础上通过构建社会融资规模的信用创造模型，探讨影响社会融资规模的动态信用创造效应。

构建信用创造模型的意义在于服务于宏观管理和调控。传统的信用创造模型有一定的现实和可操作意义：法定存款准备金率是效果较好的调控工具，它的调控对于影响整个社会的信用创造是有效的。商业银行在整个信用创造的过程中扮演很重要的角色，它的经营性行为对整个社会的信用创造也有极大影响。

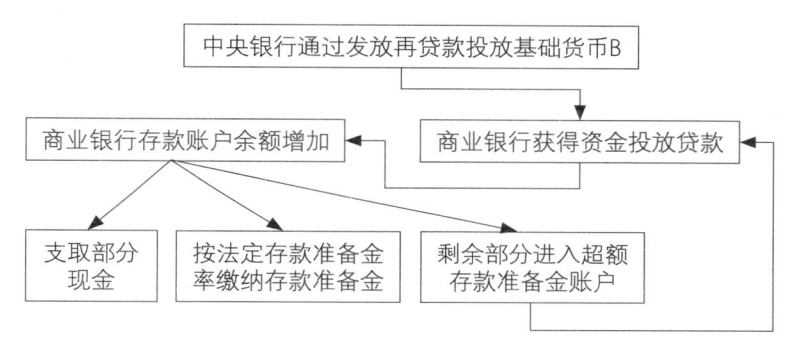

图 4-3　商业银行投放信贷的信用创造过程

一、存在货币统计缺口的信用创造模型

传统模型显示的影响信用扩张的关键环节有两个：一是法定存款准备金率。该比率越大，可进入信用货币创造渠道的货币就越少，信用扩张的效应越小。法定存款准备金率的制定和调控部门是中央银行，也就是说，信用创造管理中，中央银行是重要一环。二是进入商业银行存款的货币数量。观察图4-3所示的传统信贷信用创造过程，法定存款准备金的数量是确定的，进入超额存款准备金账户的存款与商业银行投放贷款形成闭环。从实际操作看，影响该部分的因素属于商业银行经营中的市场性行为和公众取现行为的共同影响，涉及因素较多，比如商业银行看重存款目标，就会利用一定的营销方式扩大存款

规模，公众在特定需求或者环境可能偏向保留现金。

根据图 4-2 展示的社会融资规模和广义货币供应的动态循环路径，本部分以现有的社会融资规模为固定变量，分别对两种情况进行模型构建：一是经过社会融资规模循环的资金，纳入广义货币供应统计的信用扩张；二是经过社会融资规模循环的资金，整体的信用扩张效应。

由本章第一节社融的信用创造静态路径可知，部分途径可以创造新的信用货币，进而影响了货币供应量。部分途径可以创造信用，但不会影响货币供应量，这部分仅是增加了整个社会的信用总量。在加入社会融资规模因素的货币乘数机制中，由于现金和存款同时存在，存款在缴纳法定存款准备金的过程中，信用货币的创造能力是逐步减弱的。而现金流通、表外业务甚至有一部分流出了货币供应量统计的资金，它们的信用创造规模不受法定存款准备金率的约束，也因为游离在银行资产负债表以外，对货币供应量的影响也微乎其微。

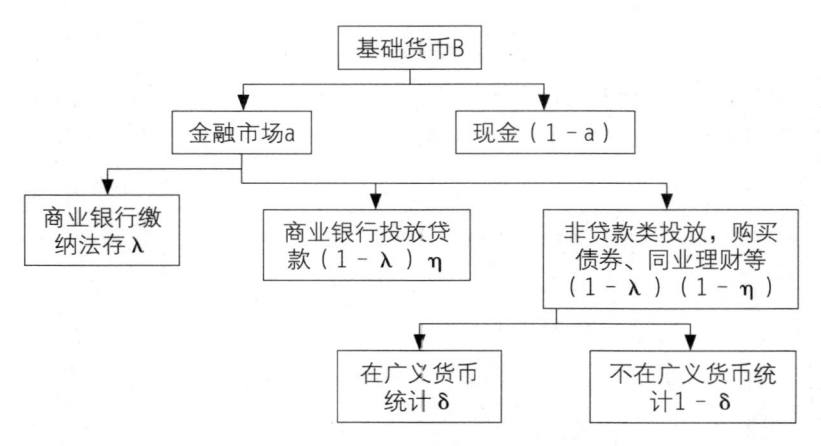

图 4-4 引入社会融资规模的信用扩张模型

图 4-4 中，中央银行投放基础货币 B，广义货币供给为 $M2$，SD 是银行存款，SC 是全部流动现金，货币乘数 K_0，信用创造过程中每次支取现金部分为 1-a，法定存款准备金率为 λ，因为加入社会融资规模的因素，a 扩展为是进入金融市场的资金，继续假设部分存款进入超额存款准备金的账户后，有 η 比例用于贷款投放，这部分资金将按照传统货币扩张的路径进行循环，始终在广义货币供给量中，剩余 1-η 部分金融市场可用于投入债券、信托等其他投资计划。在 1-η 部分中，有部分资金使用中仍然在广义货币供应量统计中进行循环，又会有 δ 比例流出了广义货币供应的统计范围[①]进行周转。那么，经过 n 次贷款投放后，社会融资规模创造出的存款总和为 SD，其中计入广义货币供应的存款总和为 $SD1$，而不计入广义货币供应统计的存款为 $SD2$，现金总和为 SC，分别用公式表示为：

$$SD1 = \alpha\eta B + \alpha\eta B * \alpha[(1-\delta)+(\delta-\lambda)\eta] + \cdots\cdots \\ + \alpha\eta B * \alpha^{n-1}[(1-\delta)+(\delta-\lambda)\eta]^{n-1} \quad (4\text{-}1)$$

$$SD2 = \alpha(1-\eta)B + \alpha(1-\eta)B * \alpha[(1-\delta)+(\delta-\lambda)\eta] + \cdots\cdots \\ + \alpha(1-\eta)B * \alpha^{n-1}[(1-\delta)+(\delta-\lambda)\eta]^{n-1} \quad (4\text{-}2)$$

$$SC = (1-\alpha)B + (1-\alpha)\alpha[(1-\delta)+(\delta-\lambda)*\eta]B \\ + (1-\alpha)\alpha^2[(1-\delta)+(\delta-\lambda)*\eta]^2 B + \cdots\cdots \\ + (1-\alpha)\alpha^{n-1}[(1-\delta)+(\delta-\lambda)*\eta]^{n-1}B \quad (4\text{-}3)$$

继续按照等比数列求和公式对 SD 和 SC 进行化简：

$$SD = SD1 + SD2 = \frac{\alpha}{1-\alpha[(1-\delta)+(\delta-\lambda)*\eta]} B \quad (4\text{-}4)$$

---

① 比如购买地方政府专项债券进入地方政府存款，就未被纳入广义货币供应量。

$$SC = \frac{1-\alpha}{1-\alpha[(1-\delta)+(\delta-\lambda)*\eta]}B \qquad (4\text{-}5)$$

此时，考虑经过社融创造的存款按照现行的货币供应统计，部分纳入货币供应统计的乘数公式：

$$k = \frac{M_2}{B} = \frac{SD1+SC}{B} = \frac{\alpha\eta+1-\alpha}{1-\alpha[(1-\delta)+(\delta-\lambda)*\eta]} \qquad (4\text{-}6)$$

由公式 4-6 可知，此时的乘数 k 由进入商业银行体系的存款比例 α、法存准备金 λ、商业银行用于贷款投放的资金比例 η、流出广义货币供应统计的资金比例 δ 共同决定。要进一步确定正负关系，继续进行求导运算：

$$\frac{\partial k}{\partial \lambda} = \frac{-\alpha\eta}{\{1-\alpha[(1-\delta)+(\delta-\lambda)*\eta]\}^2} < 0 \qquad (4\text{-}7)$$

$$\frac{\partial k}{\partial \delta} = \frac{\alpha*(\eta-1)}{\{1-\alpha[(1-\delta)+(\delta-\lambda)*\eta]\}^2} < 0 \qquad (4\text{-}8)$$

$$\frac{\partial k}{\partial \eta} = \frac{\alpha*[(1+\delta)(1-\lambda)+2\delta\lambda-\alpha]}{\{1-\alpha[(1-\delta)+(\delta-\lambda)*\eta]\}^2} > 0 \qquad (4\text{-}9)$$

$$\frac{\partial k}{\partial \alpha} = \frac{(1-\delta-\lambda)*\eta-\delta}{\{1-\alpha[(1-\delta)+(\delta-\lambda)*\eta]\}^2} \qquad (4\text{-}10)$$

从求偏导数的结果看，在社会融资规模动态循环的路径影响下，有三个确定结论：

（1）乘数 k 对法定存款准备金率 λ 偏导数是仍然小于 0 的，两者成反比例关系，当法定存款准备率越大时，乘数越小，扩张作用减弱。

（2）乘数 k 对社会融资规模创造过程中形成的 δ 比例流出

广义货币供应量统计范围的资金，成反比例关系，即流出的资金越多，信用扩张作用越小，反之流出比例越小，信用扩张作用越大。

（3）乘数 k 对金融市场中用于贷款投放的比例 η 偏导数取值为正，这说明传统贷款投放规模越大，信用扩张效应越大，贷款投放在信用创造中的作用在加入社融因素后，仍然是影响较大的。

通过观察公式 4-10 可知，乘数 k 受基础货币中进入金融市场的资金比重 a 影响无法确定，偏导数的正负无法判断。也就是说，与不加入社会融资规模统计缺口因素时的情况相比，资金在现金和市场中的占比对信用扩张的作用变得不再明朗。

二、存在货币统计缺口和社融循环的信用创造模型

再次回到社融形成的理论基础部分，理解社会融资规模形成的核心在于理解"货币与信用"，而且社会融资规模的统计部门——中国央行反复强调，货币供应与社会融资规模是"硬币的两面"，也就意味着两者之间的形成是影响深刻的。在第一部分中，加入社会融资规模统计缺口的货币乘数模型推导过程中，有一条假设是社会融资规模形成后，创造的一部分存款流出了广义货币供应量的统计范围，但是从社会融资规模形成的角度，这部分货币对社融的动态形成是有影响的。假设存在货币统计缺口，并且加入社融循环因素的信用创造乘数为 k'，其他假设遵照本节第一部分，那么得出以下公式：

$$k' = \frac{SD1 + SD2 + SC}{B} = \frac{1}{1-\alpha[(1-\delta)+(\delta-\lambda)*\eta]} \quad (4\text{-}11)$$

对式 4-11 求偏导数，得出以下结果：

$$\frac{\partial k'}{\partial \lambda} = \frac{-\alpha\eta}{\{1-\alpha[(1-\delta)+(\delta-\lambda)*\eta]\}^2} < 0 \quad (4\text{-}12)$$

$$\frac{\partial k'}{\partial \delta} = \frac{\alpha*(\eta-1)}{\{1-\alpha[(1-\delta)+(\delta-\lambda)*\eta]\}^2} < 0 \quad (4\text{-}13)$$

$$\frac{\partial k'}{\partial \eta} = \frac{\alpha(\delta-\lambda)}{\{1-\alpha[(1-\delta)+(\delta-\lambda)*\eta]\}^2} \quad (4\text{-}14)$$

$$\frac{\partial k'}{\partial \alpha} = \frac{1-\lambda\eta-(1-\eta)\delta}{\{1-\alpha[(1-\delta)+(\delta-\lambda)*\eta]\}^2}$$
$$= \frac{1-\delta+\eta(\delta-\lambda)}{\{1-\alpha[(1-\delta)+(\delta-\lambda)*\eta]\}^2} \quad (4\text{-}15)$$

乘数 k' 对法定存款准备金率 λ 偏导数是小于 0 的，两者成反比例关系，说明法定存款准备率对加入货币统计因素和社融因素的信用扩张仍然有明确的调节作用。法定存款准备金率越高，货币乘数 k' 会变小，扩张作用减弱。

乘数 k' 对社融信用扩张过程中形成的 δ 比例流出广义货币供应量统计范围的资金，成反比例关系，即流出的资金越多，信用扩张作用越小，反之流出比例越小，信用扩张作用越大。

乘数 k' 受用于贷款投放的资金比例 η、资金分配比重 α 的影响需分类讨论：

当 $\delta > \lambda$ 时，式 4-14 和 4-15 均大于零，即经社会融资规模循环的资金中，流出货币供应统计范围的资金比例大于法定存款准备金率时，进入金融市场的资金越多，信用扩张作用越大。当 $\delta<\lambda$ 时，式 4-14 和 4-15 均小于零，即经社会融资规模影响流出现行标准下货币供应统计范围的资金比例小于法定存款准备金率时，用于贷款投放的资金越多，信用扩张作用越小；进入金融市场的资金越多，信用扩张作用越小。

三、实证检验

基于本节第一部分、第二部分的理论模型推导，本部分对存在货币统计缺口的乘数模型进行实证检验。选取社融的信用乘数 k、法定存款准备金率 FC、超额存款准备金率 CC、M0/M2 代表现金持有率、DK/SRz 代表贷款增量占社融增量的比重、FM 为社融创造信用后流出广义货币的存款占比，这五个变量的变化率，构建向量自回归模型，实证检验上述理论模型。其中，社会融资的乘数效应 k 用社会融资规模除以基础货币余额表示，DK/SRz 是加入社融因素后的贷款投放情况的直接表现，M0/M2 也可以很好地反映现金持有情况，FM 反映社融创造后流出广义货币的供应，用未计入广义货币的存款增量/（M2 增量－基础货币增量）表示。在遵循变量体系数据可得的原则下，实证检验的数据频度选择季度，数据时间起点选择 2006 年一季度，原因有二：一是由于超额存款准备金率是央行按季度公布，为统一数据频度，代入模型中验证所有变量数据也都选取了季度数据。二是由于未计入广义货币的存款是所有变量中开始公布最晚的，2006 年开始公布，所以原始数据的选择区间在 2006 年一季度—2019 年二季度。原始数据来自万得数据库和中国人民银行网站，通过原始数据进行计算得到了同比增速,并进行了季节因素调整。

1. 平稳性检验。 首先对所选变量进行平稳性检验,检验结果显示(表4-12),所有变量的时间序列都是平稳的,在1%和5%的显著性水平下均不在单位根。因此,通过平稳性检验后,可以免除协整性检验,直接进行最优滞后阶数的确定。

表4-12 社融存量与相关变量平稳性检验结果

序列	T统计量	临界值	P值	结论	备注
K	−4.854458	−4.18648***	0.0016	平稳	原序列
FC	−2.513812	−1.946654**	0.0128	平稳	原序列
CC	−5.885580	−3.540198***	0.0000	平稳	原序列
DK/SR	−3.97891	−3.577723	0.0033	平稳	原序列
M0/M2	−4.058478	−3.465977***	0.0014	平稳	原序列
FM	−4.976536	−3.534868***	0.0001	平稳	原序列

注:***、** 分别表示在1%、5%的显著性下水平拒绝原假设

2. 最优滞后阶数确定。 当变量全部通过平稳性检验后,可以直接确定VAR模型最优滞后阶数,首先构建包含上述5个变量的VAR模型,按照LR、SC、FPE、AIC、SC、HQ信息准则显示,1阶滞后为最优,这与我国货币金融运行的实际也相符合,因此选择滞后1阶为最优阶数。

3. VAR模型估计结果。 当序列通过平稳性检验和最优滞后阶数确定后,进行向量自回归参数估计,均通过参数检验的VAR模型的形式确定如下:

$$K = 0.429*K(-1) - 0.070*CC - 0.278*FC - 0.049*FM \\ - 0.006*M_0/M_2 + 0.013*DK/SR\,z + 5.639 \qquad (4-16)$$

通过观察变量系数可知，社会融资规模的信用创造效应，与上一期乘数、贷款在社会融资规模中的占比成正比例关系，与法定存款准备金率、超额存款准备金率、现金占比、未纳入广义货币供应存款均成反比例关系。

从影响程度看，上期乘数 1 单位变动可以引起当期乘数同方向 0.43 个单位的变动；法定存款准备率 1 单位变动，可以引起当期乘数 0.28 个单位的反方向变动，这两个因素是影响程度较大的。另外，超额存款准备、贷款占比、现金占比以及未纳入货币统计的广义存款对社会融资规模的信用扩张效应都有不同程度的影响，这与理论模型的推导结果是一致的。法定存款准备金率的影响大于超额存款准备金率的变动，经过社会融资规模循环后，流出广义货币统计范围的存款与信用扩张效应也是反比例变动关系，这从货币金融运行的角度看也是合理的。

第五章 社会融资规模的产出机制分析

宏观经济管理的根本目的是扩大产出，发展经济，而社会融资规模的本质则是要素投入。那么，本章的研究内容将回归到宏观经济管理框架中最根本的问题：投入与产出的关系。社会融资规模的形成是信用创造和信用货币创造的结果，当信用和信用货币投入经济体系，又经过生产、消费、流通等各个环节，最终形成总产出。那么，社会融资规模投入之后，对总产出的效用是怎么样的。第一个层次，是否促进了产出的增长；第二个层次，若对产出有促进效应，效率是高是低。这都需要检验。所以，社会融资规模形成的产出效应评估对下一步宏观经济管理和调控是至关重要的。

本章突破了传统的投入产出分析视角，区分了不同期限管理目标的不同需求，对于产出水平的观察作了拓展和新的尝试。管理目标分为短期和中长期，从对产出水平的关注角度看，在短期实际产出水平是政策制定者关注的焦点，在长期对于潜在产出水平和产出缺口是宏观调控和制定政策的重要依据，目标产出水平与实际产出水平的偏离程度，也是中长期进行宏观经济调控的基础。因此，本章在结构安排上，首先梳理了经济增长和金融发展的相关理论基础，然后从产出效应的三个角度研究社会融资规模对其产生的影响：一是社会融资规模对实际产出水平的影响；二是社会融资规模与政府制定的目标产出之间的关系；三是社会融资规模与潜在产出水平或者产出缺口之间的关联关系。最后得出本章的结论。

第一节 社会融资规模与实际产出水平

通过回顾现有研究，对社会融资规模和实际产出水平的研究主要是在验证货币政策传导的框架下，社会融资规模的变动能够显著影响实体经济，并且与广义货币供应量（M2）比较。选用何种方法进行实证检验，主要取决于研究目标，更有利于检验研究假设的方法，是优先选择的方法。鉴于上述验证假设的实证需求，本部分选用了 STR（Smooth Transition Regression）平滑转换自回归模型检验两个假设：社会融资规模对实际产出水平是否具有促进作用？若存在促进作用效率如何？

一、STR 模型和变量选取

STR 模型是一种基于区间转换的典型非线性模型，又称为平滑转换自回归模型。该模型主要在线性模型的基础上考虑了非线性问题，通过区间转换函数，将线性和非线性两个机制平稳地连接。这样，分析同一个行为对另一个行为在不同机制下的影响效应，其基本方程模型形式如下：

$$y_t = \phi'z_t + \theta'z_t G(\gamma,c,s) + \sigma_t \qquad (5\text{-}1)$$

方程 5-1 中，y_t 为被解释变量，Z_t 为解释变量，$G(y,c)$ 为转换函数，其中包括参数和转换变量，可为不同的函数形式；σ_t 为随机扰动项。[①]

其中转换函数的表达式为：

$$G(\gamma,c,s_t) = (1+\exp\{-\gamma\prod_{k=1}^{K}(s_t - c_k)\})^{-1}, \gamma > 0 \quad (5\text{-}2)$$

转换方程 5-2 中，r 为斜率参数，c 是定位参数向量，S_t 转换向量。特别要说明的当转换函数具体形式不同时，STR 模型也有了具体的分类。如果转换函数为单调递增函数，且表达形式如 5-3 所示：

$$G(\gamma,c,s_t) = \frac{1}{1+e^{-\gamma(s_t-c)}}, \gamma > 0 \quad (5\text{-}3)$$

那么，在转换函数 5-3 的作用下形成 LSTR1 模型。如果转换函数为非单调函数，形式如方程 5-4：

$$G(\gamma,c,s_t) = \frac{1}{1+e^{-\gamma(s_t-c_1)(s_t-c_2)}}, \gamma > 0, c_1 \leq c_2 \quad (5\text{-}4)$$

那么，在转换函数 5-4 的作用下形成 LSTR2 模型。如果转换函数为偶函数，且表达式如 5-5 所示，

$$G(\gamma,c,s_t) = 1 - e^{-\gamma(s_t-c)^2}, \gamma > 0 \quad (5\text{-}5)$$

那么，在转换函数 5-5 的作用下，形成指数 STR 模型，即 ESTR 模型。

通过对基础模型的学习，根据本部分要实现的检验目标，最终选取用 GDP 代表产出水平作为被解释变量，记作 Y_t；由于

[①] Alvaro Escribano and Oscar Jordá, Improved testing and specification of smooth transition regression models, *Nonlinear Time Series Analysis of Economic and Financial Data*, 1999(1):289-319.

社会融资和财政支出是资本要素投入中规模多、影响大的两大部分，因此社会融资规模作为门限变量，解释产出水平的变动，记作 X_t；公共财政支出作为控制变量，也解释产出水平的变动，记作 CZ_t。对于指标数据的选取和来源作如下说明：

1. 数据来源说明：选择按可比价计算的 GDP 增速，代表实际产出水平，数据来自国家统计局，社会融资规模数据来自中国人民银行，公共财政支出数据来自万得数据。由于社会融资规模与公共财政支出均为月度数据，而 GDP 则为季度数据，为使数据频度统一，对社会融资规模和公共财政支出进行了降频处理，时间跨度为 2003 年一季度[①]至 2019 年一季度。图 5-1 是按照可比价计算的 GDP 增速、社会融资规模的季度同比增速和公共财政支出季度同比增速的变化趋势作简单刻画。

2. 被解释变量 Y_t：虽然目前对 GDP 能否全面反映经济发展的整体状况争议很大，但是就现有可量化指标看，尚未有统计指标可以代替 GDP 的全面性，而且 GDP 从历史延续性、趋势性上看，仍是可量化效果最好，最能反映宏观经济发展水平重要而有效的指标之一。

3. 门限变量 X_t 和控制变量 CZ_t：考虑到 GDP 季度增速是每季度新增产出，作为解释产出水平的社会融资规模，同样是增量数据更合理、解释能力更强。鉴于社会融资规模统计指标本身结构完整，因此，本部分选用了社会融资规模的季度增量数据，进行社会融资规模对产出的非线性效应分析。同理，控制变量 CZ_t 也选取了季度增量数据。

---

① 社会融资规模的增量数据编制时间是 2002 年 1 月起，因此计算增速损失了第 1 年的初始数据，从 2003 年 1 季度起有社会融资规模同比增速数据。

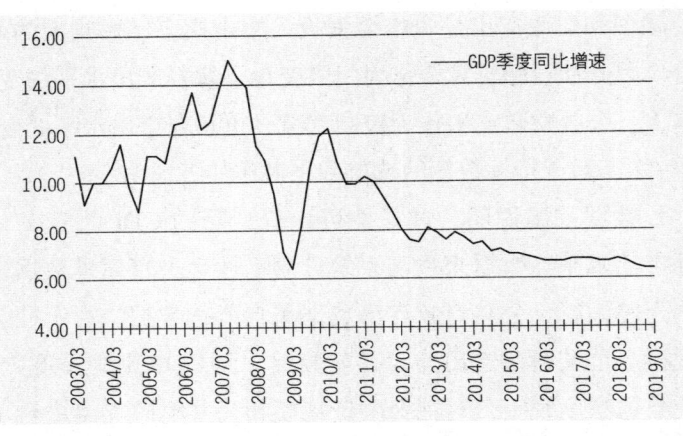

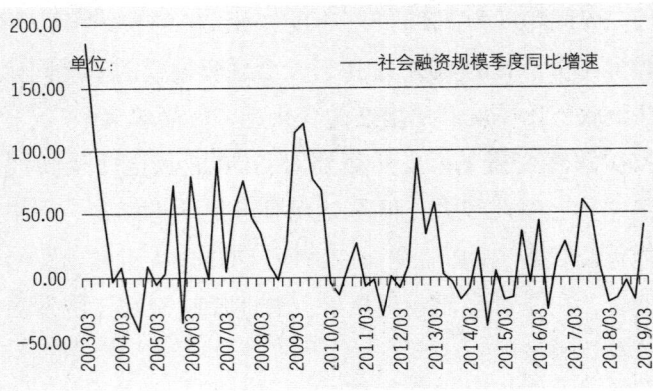

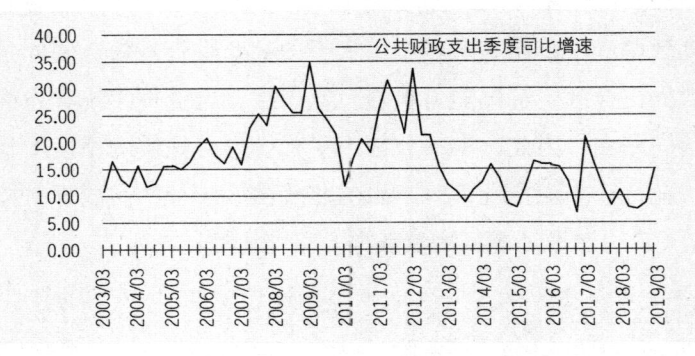

图 5-1 被解释变量和门限变量的时间趋势图

观察图 5-1 可知，自 2003 年一季度以来，GDP 同比增速大致归类为两种波动特征：一是周期性波动。2003 年一季度至 2011 年一季度，呈现出较为完整的波动周期，形成了明显的波峰波谷，其中 2007 年二季度达到统计跨度期 16 年内的增长高峰，紧接着 2009 年一季度 GDP 增速发生断崖式下跌，形成了统计期内的增长低值，这与 2008 年美国次贷危机前后全球经济的过度繁荣和危机对全球经济的打击这个大形势密不可分。二是 L 型趋势。2011 年二季度以来，GDP 增速走势呈现出显著的 L 型探底趋势，经济增长始终面临较大的下行压力，6% 左右的经济增速是近十年来经济增速持续承压的下限。

社会融资规模季度同比增速则表现出更为频繁地波动，而且有些时点波动幅度较大，波动率达 100% 左右。与相同时点的 GDP 增速趋势相比，社会融资规模季度同比增速没有表现出较强的一致性。看极端情况，2009 年一季度 GDP 增速出现统计期内极低的增长，社会融资规模接连两个季度形成了统计期内的极值和次极值的增长速度。再比如，2012 年二季度起，社会融资规模出现了一波相对较高的增速，GDP 在同一时期出现了小反弹，随后社会融资规模持续地频繁和较为明显地波动，均与 GDP 增速的 L 型底部背离明显。

公共财政支出季度同比增速波动趋势在 2009 年一季度后，与社会融资规模的季度同比增速表现出高度的一致性，波动频率小于社会融资规模。这说明货币政策和财政政策对经济形势判断保持一致，相对于金融市场丰富的操作工具，财政政策较为简单的操作方式使得公共财政支出的波动频率略低于受货币政策影响的社会融资规模。

通过趋势图所刻画特征的直观判断，社会融资规模作为非常重要的资本投入要素，对产出的作用机制和作用效果进一步印证了上部分的假设，社会融资规模与实际产出水平之间的关系有待进一步检验。

二、变量检验和模型估计

1. 变量处理和描述性统计。 变量频度为季度时，首先考虑对变量进行季节调整。由于 x_t 中存在负数，季节调整方法就要做出选择，乘法模型、对数加法模型等不适合调整含有 0 和负数的时间序列。考虑调整方法的一致性，对被解释变量和解释变量均采用加法模型进行季节调整，然后对调整后的变量做基础的描述性统计分析（表 5-1）。

表 5-1　季节调整后变量的描述性统计

变量	平均值	中位数	极大值	极小值	观测值个数
Y_t	9.187	8.481	4.536	6.366	65
X_t	22.453	8.615	174.815	−35.674	65
CZ_t	17.189	15.744	33.474	6.822	65

2. 平稳性检验。 在消除季节趋势处理后对变量进行了平稳性检验，以避免出现变量不平稳，造成回归方程参数估计偏差较大。本文采用 ADF 单位根检验进行变量平稳性检验（表 5-2）。结果显示，财政支出增速在 5% 的显著性水平下平稳，社会融资规模季度同比增速在 5% 的显著性水平下平稳，GDP 增速在 5% 显著性水平下通过检验。因此，可以继续进行实证分析。

表 5-2　单位根平稳性检验

变量	统计量	临界值	P值	结论	备注
Y_t	-3.942796	-3.482763**	0.0158	平稳	(C, T, 0)
X_t	-3.375327	-2.910860**	0.0158	平稳	(C, 0, 0)
CZ_t	-2.944917	-2.907660**	0.0458	平稳	(C, 0, 0)

注：***、**、* 分别表示在 1%、5%、10% 的水平拒绝原假设；
（C, T, L）中，C 表示常数项，T 表示时间趋势，L 表示滞后阶数。

3. 模型滞后阶数的确定。 采用 LR 方法，对变量进行最佳滞后期检验。按照向量自回归方程最佳滞后期 FPE、AIC、SC 和 HQ 等准则，根据变量实际长度（65）和模型前期尝试，最终选定自回归部分最佳滞后阶数选择 2，这样既遵守了 SC、HQ 准则，也考虑了变量长度有限的前提。

表 5-3　最佳滞后期检验

VAR Lag Order Selection Criteria

Endogenous variables: Y X CZ　　　　Exogenous variables: C

Sample: 2003Q1 2019Q1　　　　Included observations: 59

Lag	LogL	LR	FPE	AIC	SC	HQ
0	-621.9881	NA	318830.5	21.18604	21.29167	21.22727
1	-517.1833	195.3987	12399.49	17.93842	18.36097*	18.10336*
2	-507.1563	17.67463	12008.16	17.9036	18.64307	18.19226
3	-503.022	6.8672	14254.4	18.06854	19.12492	18.48091
4	-485.5983	27.16916*	10844.38	17.78299	19.15628	18.31907
5	-474.0817	16.78686	10155.80*	17.69769*	19.38789	18.35747
6	-469.9499	5.60242	12337.07	17.86271	19.86982	18.64621

* indicates lag order selected by the criterion
LR: sequential modified LR test statistic (each test at 5% level) FPE: Final prediction error
AIC: Akaike information criterion SC: Schwarz information criterion
HQ: Hannan-Quinn information criterion

4. Granger 因果检验。 最佳滞后期确定后，对变量进行 Granger 检验。由表 5-4 可知，滞后 2 期，x_t 是 Y_t 的格兰杰原因；在 5% 的显著性水平下，Y_t 是 CZ_t 的格兰杰原因。

表 5-4 Granger 因果检验

Pairwise Granger Causality Tests Sample: 2003Q1 2019Q1

Lags: 2

Null Hypothesis:	Obs	F-Statistic	Prob.
X does not Granger Cause CZ	63	1.37793	0.2602
CZ does not Granger Cause X		2.98518	0.0583
Y does not Granger Cause	63	4.31494	0.0179
CZ does not Granger Cause Y		1.2041	0.3073
Y does not Granger Cause X	63	0.88397	0.4186
X does not Granger Cause Y		12.7782	0.00003

综上，变量经过季节性调整和单位根检验，确定了最佳滞后期，并存在统计学上的因果关系，据此写出 STR 模型的基本形式，如方程 5-6 所示。据此，下一步需确定最优转换变量，主要依据是检验哪些变量存在非线性效应，如有多个，从中选优。下面进行变量的非线性效应检验。

$$Y_t = c + A_1 Y_{t-1} + A_2 Y_{t-2} + B_1 X_t + B_2 X_{t-1} + B_3 X_{t-2} + M_1 CZ_t \\ + M_2 CZ_{t-1} + M_3 CZ_{t-1} + (c + \alpha_1 Y_{t-1} + \alpha_2 Y_{t-2} + \beta_1 X_t \\ + \beta_2 X_{t-1} + \beta_3 X_{t-2} + \eta_1 CZ_t + \eta_2 CZ_{t-1} + \eta_3 CZ_{t-2}) * G + \sigma_t \quad (5\text{-}6)$$

5. 非线性效应检验及转换函数的形式

通过对平滑转换自回归模型（STR）进行递归 Lagrang 乘数检验确定转换函数的形式。表 5-5 为利用软件 Jmulti 进行的转换函数递归检验的输出结果，结果显示门限变量"社会融资规模同比增速"的原序列具有非线性效应,并且建议模型为 LSTR1。滞后一阶、滞后二阶的门限变量均不存在非线性效应。那么转换函数形式确定为 $G(\gamma,c,s_t)=\dfrac{1}{1+e^{-\gamma(s_t-c)}}, \gamma>0$。

表 5-5 检验非线性效应

variables in AR part:	CONST Y(t-1) X(t) X(t-1) CZ(t-1) X(t-2)				
CZ(t-2) sample range:	2003 Q3 2019 Q1 T = 63				
Transition variable	F	F4	F3	F2	Suggested model
Y_{t-1}	4.0838e-02	6.7477e-01	4.9747e-02	2.4020e-02	LSTR1
Y_{t-2}	1.0801e-03	2.3816e-01	2.2111e-02	1.2744e-03	LSTR1
X_t *	8.8668e-04	1.0455e-01	1.6960e-02	6.2377e-03	LSTR1
CZ_t	7.5839e-03	9.6357e-02	3.8895e-02	6.0065e-02	LSTR2
X_{t-1}	1.6358e-01	9.3823e-01	5.1180e-02	9.8169e-02	Linear
CZ_{t-1}	1.3192e-01	9.0858e-01	1.0820e-01	3.1733e-02	Linear
X_{t-2}	1.4326e-01	1.6433e-01	9.0312e-01	3.5386e-02	Linear
CZ_{t-2}	4.3699e-03	4.8979e-02	4.0676e-02	6.3875e-02	LSTR2
TREND	1.0339e-02	5.6747e-02	1.7938e-01	3.1508e-02	LSTR1

6. 模型最终形式

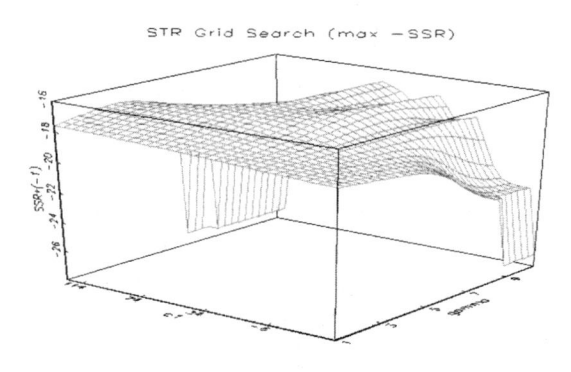

图 5-2 模型网格搜索平面图

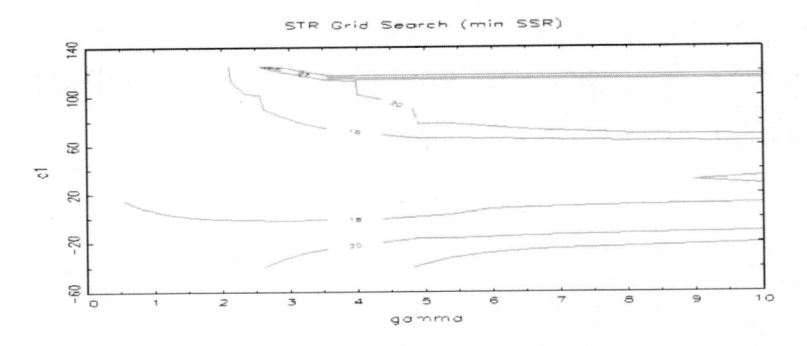

图 5-3　模型网格搜索等高线图

为能准确地描述社会融资规模增量变动对宏观经济影响机制的具体路径和变化趋势，利用表 5-5 的输出结果，将图 5-3 中模型进一步估计，关键问题就在于对转换函数中的平滑参数 y 和阈值 c 的初值设定。利用二维格点搜索来确定模型的初始值（见图 5-2、图 5-3），确定参数 y、c 的初始值分别为 6.6153 和 54.4046。随后构造 y、c 合理区间范围分别为 0.5，10 和 -45.67，125.05。接下来取步长为 1/30，即等距离取 30 个可能的平滑参数 y 和阈值 c 参数值，分别计算模型的对应残差，得出残差平方和最小时所对应的平滑参数 y 和阈值 c，并将其作为接下来进行非线性估计的初始值。利用这两个初始值，采用 BFGS 迭代法，求出模型的极大似然函数，从而计算出模型的参数估计值（见表 5-6）。

表 5-6　模型参数估计结果

		STR ESTIMATION			
	variables in AR part:	CONST Y(t-1)Y(t-2)X(t)CZ(t)X(t-1)CZ(t-1)X(t-2)CZ(t-2)			
		transition variable:	X(t)		
	sample range:	2003 Q3　2019 Q1　T = 63			
		transition function:	LSTR1		
variable	start	estimate	SD	T-statistic	P-value
---Linear part---					
const	0.86075	0.86234	0.3988	2.1624	0.0357
Y_{t-1}	0.96462	0.96521	0.0495	19.4900	0.0000
X_t *	-0.00744	-0.00720	0.0045	-1.6119	0.1137
X_{t-1}	0.01141	0.01140	0.0028	4.0938	0.0002
CZ_{t-1}	0.02364	0.02350	0.0250	0.9380	0.3530
X_{t-2}	-0.00412	-0.00404	0.0029	-1.4007	0.1679
CZ_{t-2}	-0.07356	-0.07378	0.0277	-2.6601	0.0107
---Nonlinear part---					
const	-0.00286	0.03638	1.9810	0.0184	0.9854
Y_{t-1}	0.01835	0.01559	0.1041	0.1498	0.8816
X_t *	0.02548	0.02710	0.0249	1.0882	0.2821
X_{t-1}	0.00761	0.00800	0.0067	1.1890	0.2404
CZ_{t-1}	-0.14996	-0.15743	0.0899	-1.7509	0.0865
X_{t-2}	0.01427	0.01520	0.0089	1.7064	0.0945
CZ_{t-2}	0.07389	0.07174	0.0475	1.5090	0.1380
Gamma	6.61527	6.82426	6.5484	1.0421	0.3027
C	54.40459	55.49396	5.3798	10.3153	0.0000
R^2	0.9541				

由表 5-6 的参数输出结果可知，87.5% 的参数估计 P 值小于 0.5，模型估计效果较理想。根据表中各参数的系数估计值，最终可确定模型的具体方程如下：

$$Y_t = 0.86234 + 0.96521 Y_{t-1} - 0.0072 X_t + 0.01140 X_{t-1} \\ - 0.00404 X_{t-2} + 0.0235 CZ_{t-1} - 0.07378 CZ_{t-2} \\ + (0.03638 + 0.01559 Y_{t-1} + 0.02710 X_t + 0.008 X_{t-1} \\ + 0.0152 X_{t-2} - 0.15742 CZ_{t-1} + 0.07174 CZ_{t-2}) * G + \sigma_t \quad (5-7)$$

其中转换函数 $G(\gamma, c, X_t) = \dfrac{1}{1 + e^{-6.82426(X_t - 55.49396)}}$ （5-8）

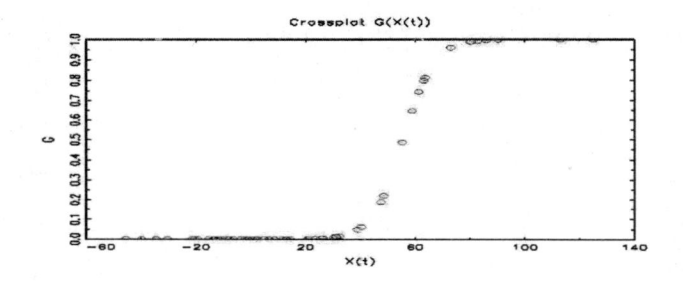

图 5-4　G 函数的转换路径

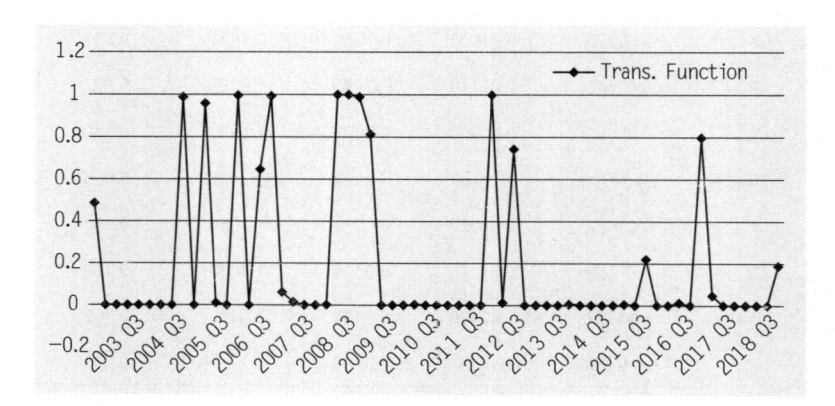

图 5-5　转换函数值

7. 模型稳健性检验

按照上述步骤，对设定的 STR 模型进行了完整估计，并确定了模型中所有参数。接下来，需要对得出的模型进行稳健性检验，以确定该模型估计效果的有效性。

残差的自相关检验。对残差序列进行自相关检验，滞后一阶 F 统计量为 0.0764，P 值 0.7835；滞后二阶 F 统计量为 0.0422，P 值为 0.9587。模型的残差序列在滞后一阶、二阶的情况下均不存自相关。

残差序列的正态性检验。对 STR 模型的残差序列进行 JB 正态分布检验，输出结果如下：T 统计量为 2.8368，p 值为 0.2421，并输出峰度（Kurtosis）值 3.8876，偏度（Skewness）值 -0.2706，说明残差序列服从正态分布。

残差序列的 ARCH 效应检验。由输出结果可知（表 5-7），残差序列在滞后一阶、二阶和三阶的条件下，均不存在 ARCH 效应，因此通过检验。

表 5-7 ARCH 效应检验结果

Lag	Test statistic	P 值	F-statistic	P 值	结论
1	0.4823	0.4874	0.4861	0.4884	无 ARCH 效应
2	0.9178	0.6320	0.4659	0.6299	无 ARCH 效应

综上，根据稳健性检验结果，图 5-4 残差不存在一阶、二阶自相关；残差序列在二阶滞后的情况下没有 ARCH 效应，并且服从正态分布。因此我们可以判断图 5-4 中模型的估计结果是有效并且稳健的。[①]

[①] 赵春艳：《平滑转换自回归模型的理论及应用研究》，清华大学出版社 2015 年版。

三、检验结论解释

经过一系列时间序列检验步骤、模型估计和检验，证明模型估计结果是有效的，那么对得出的估计参数和方程进行合理化的经济释义才能揭示社会融资规模与实际产出水平的关系。从总体看，STR 平滑转换自回归模型的估计结果较为完整地反映了 2003 年一季度—2019 年一季度社会融资规模增量对宏观经济增长的影响机制以及机制转换的动态路径，即社会融资规模增量对 GDP 增长存在非线性效应，并且区间转换可以用 STR 模型来刻划。模型的估计结果得到参数 y 值为 6.82426，阈值 c 的估计值为 55.4936，利用模型设定时的经济意义可以理解为：其中 y 度量了社会融资规模增速对 GDP 影响机制的转换速度，取值 6.82426 说明转换速度较快；阈值 C 取 55.5%，说明社会融资规模对经济增长存在门槛条件的阈值约为 55.5%，它是线性和非线性影响机制、低机制和高机制的临界水平。具体来看：

第一，当社会融资规模季度同比增速低于 55.5% 时，转换函数的取值趋于 0，这时 STR 模型处于低机制影响状态，GDP 增速受到当前期社会融资规模增速、滞后一期社会融资规模增速和滞后两期社会融资规模增速的线性作用机制，滞后一期社会融资规模增量对当期 GDP 有明显正向的拉动作用，每单位对 GDP 增长的拉动作用约为 0.0114。当期社会融资规模增量即期就会产生融资成本，产出效应却存在滞后性，因此当期社会融资规模投入对当期 GDP 的影响为负，但是负向效应系数很小。

第二，当社会融资规模同比增速高于阈值 55.5% 时，转换函数的值趋向于 1，这时社会融资规模对 GDP 的影响处于高机制影响状态，转换函数对 GDP 增速的影响效应显现，线性影响机制和非线性机制共同作用。也就是说，当社会融资规模同比增速高于临界状态时，更多的社会融资需求被满足，转换函数的扩张效应显现，在线性和非线性共同作用的情况下，融资规模提升了产出水平的整体效率。

第三，从转换函数值域看社会融资规模对实际产出水平的影响机制变动。观察图 5-4，从整个估计区间看，转换函数大部分时期都处于低机制转换状态，G 函数值大于 0.4 的时期占全部统计期 20% 左右。从集中程度看，社会融资规模对 GDP 增长影响的高机制状态集中出现在 2009 年四季度之前，这充分说明 2009 年之前，通过融资对经济增长的拉动作用明显，融资增长对经济增长的贡献大，资金要素在产出水平的提升上起了主要作用，一方面融资总量的快速增长通过高机制转换迅速传导至经济体系；另一方面快速增长的产出水平对融资规模提出了更高的需求。与此对比明显的是，2009 年以后社会融资规模对经济增长的作用机制基本都处于低机制状态，也就是说快速的融资规模增长对产出水平的拉动作用受限，经济快速增长已经不能完全靠高速的融资投入来实现。[①]

四、对宏观经济管理的意义

将模型估计与现实背景结合，不难发现其运行机理。社会融资规模的大部分低机制运行状态都在 2007 年金融危机之后，

---

① 程铖：《社会融资规模对经济增长的门限效应研究——基于平滑转换自回归的经验证据》，载《经济问题探索》2020 年第 3 期，第 74—83 页。

在宏观审慎管理框架中，金融对实体经济的支持效率和溢出效应都是宏观审慎重点关注的。本部分三个阶段阐释：

第一阶段，2007年美国次贷危机浮现端倪之前。整个世界经济在第二次工业革命的带动下蓬勃发展，金融创新和房地产经济异常繁荣。由于房地产经济高杠杆和带动性，融资规模的投入迅速体现为产出水平的增加。而此时位于亚洲的中国，在经历了亚洲金融危机的冲击后，大力进行基础设施建设和国内投资，金融监管分设为一行三会，金融市场的改革创新不断，加之国际经济发展的大背景，融资资金的投入带动了经济的高速增长。第二阶段，2008年出现银行倒闭，随后金融危机的影响在世界范围内蔓延。过度的金融创新和过高的杠杆率与金融风险之间、与资金脱实向虚之间、与虚假繁荣背后的关联逐一显露后，融资对经济增长的高机制影响随之改变，实体经济发展的问题成为影响经济增长的关键因素。第三阶段，随后整个世界经济进入了后危机时代，就我国形势来看，技术瓶颈频现、人口红利逐步消失、新旧动能转换、防范化解重大风险压力持续增大，还有一系列结构性问题使得融资资金较难维持高效高产的高机制运行，也就是社会融资规模的拉动未能改变经济长期L型筑底的趋势。

实证检验的结果与现实背景相符，与前期假设也基本一致。社会融资规模对产出的拉动作用并不是单一的线性关系，确实存在临界取值，会形成经济周期的波动。就2013年以后，社会融资规模增量大幅度变动，本部分重点分析了原因：

一是社会融资规模高速增长时期有可能造成过度投资、资金脱实入虚的情况。流动性宽松时期实体经济很容易足额甚至超额获得贷款，无论是国企还是民企都可能进行盲目扩建、过度投资，资金转化为新的库存，甚至投入民间资本借贷，高投入并不能产生高回报，不能转化为 GDP。相反，过度投资在实体经济面临生存压力时会加重实体经济的负担，由于企业要负担资金的使用成本、要维护已有厂房设备，因此较高的资金投入不一定持续拉动经济增长。

二是社会融资规模高投入掩盖不了实体经济自身存在的问题。目前，无论从市场流动性还是银行信贷供给看，市场并不缺钱。但充裕的货币资金并没有刺激出实体经济有效的消费需求，也没有被创造出相应的社会财富，这就是货币投入增加，物价指数并未相应走高，而经济却出现下行的可能性解释。我国经济经历了多年的高速发展，结构不合理、创新动力不足等不利因素也逐步显现，资金是促进经济发展的重要因素之一，人力、技术也同样决定着潜在生产能力。在其他生产要素的限制下一味地投入资金，木桶中"短板效应"会愈加明显，实体经济"虚不受补"或是问题的症结所在。

三是金融资源的供给侧也存在需要重视和改进的问题。从社会融资规模的统计结构上看，传统的人民币贷款占绝对重要的位置，虽然比例有下降趋势，但仍然足以影响社会融资规模的增长趋势。银行业金融机构发放的贷款集中趋势十分明显，存在贷大、贷长、垒大户等现象，也就是贷款投向偏好垄断行业、国有大中型企业、基础设施中长期贷款以及有政府信用背书的各种贷款用途。不得不承认，贷款投向这些发展成熟的企业、行业和领域，金融风险小，对银行业金融机构来说能够最大限度地规避经营风险，但同时也面临着使用效率偏低的困境。在经济繁荣时期，大部分资金是起到"锦上添花"的作用；而经济衰退期，需求才是决定企业能否继续生存的关键，并不是大规模资金的投入。因此，金融资源供给侧存在的问题也是导致融资对经济增长存在门槛条件的重要因素之一。

从宏观审慎管理的角度，关注社会融资规模对实际产出的门限效应，一方面是提升投入产出效率的有效手段；另一方面对于防止金融脱实向虚，制造金融泡沫产生金融风险，以及对实体经济产生溢出效应影响经济结构平衡是较好的监测方式。

第二节 社会融资规模与目标产出水平

一、目标产出的界定

每年年初的政府工作报告中,都会根据上年经济社会发展情况的总结和对国内外政治经济形势的研判,提出国民经济的预期增长目标。围绕预期增长目标,国民经济各部门在全年的工作计划中根据任务分解情况和各自实际情况制订相应的基础目标、支撑目标,以期最终完成GDP这一总的增长目标。本部分将政府部门公布的GDP预期增长目标作为目标产出,用来研究社会融资规模与其关系。图5-6描述了2003年以来,中央政府预期的年度GDP增速目标与社会融资规模的年度同比增速的趋势变化。

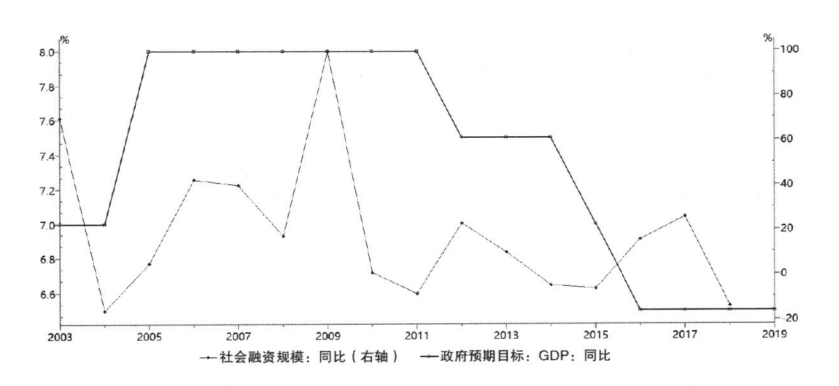

图 5-6 目标产出与社会融资规模(2003—2018年)

观察图 5-6 曲线走势可知，政府制定的目标产出相对稳定，变动范围小，统计区间内在 6.5%~8% 波动，2005—2011 年连续七年的目标产出未变，说明目标产出作为具有指导性的预期目标，它的上升或者下降具有很强的预期指示性，因此中央政府在稳定性和预期的准确性之间寻找平衡。而社会融资规模的同比变化波动幅度较大，但从走势特征看，与目标产出较为一致，2011 年之后持续探底。

二、社会融资规模对目标产出的影响路径

本部分选用 VAR 模型对社会融资规模和目标产出之间的关系进行实证分析，分析的重点在于利用脉冲响应函数和方差分解，观察一个变量的冲击给另一个变量带来的影响以及影响结构。由于目标产出是年度数据，因此选用了社会融资规模年度增速（SR）与目标产出（Y'GDP）的变动率，时间范围在 2003—2018 年，数据来源于 2002—2019 年的政府工作报告和中国人民银行网站。

对序列进行标准化处理后，首先进行 ADF 单位根检验，检验变量是否存在单位根。表 5-8 给出了两个时间序列单位根检验得出的各项参数，可以看出两个变量均为平稳序列，继续进行最优滞后阶数确认。按照 AIC、SC 等法则和结合实际的变量意义，确定最优滞后阶数为 1。

表 5-8　Y'GDP 与 SR 单位根检验

序列	T 统计量	临界值	P 值	结论	备注
Y'GDP	−3.380906	−3.362984***	0.0974	平稳	原序列
SR	−1.769611	−1.605603***	0.0734	平稳	原序列

在滞后1阶的情况，对 VAR 模型的稳定性进行了检验，得到模型的所有特征根均小于1，模型是稳定的。接下来进行脉冲响应检验。

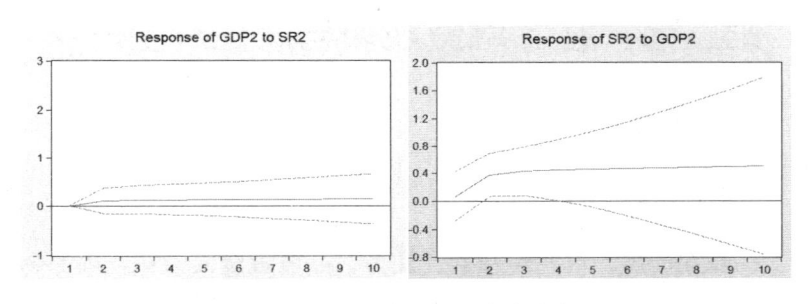

图 5-7　Y'GDP 与 SR 的脉冲响应图

通过对变量之间脉冲响应函数的分析，如图 5-7 所示，实线部分为脉冲响应函数，虚线部分是置信区间。当社会融资规模同比增速产生一个单位的正向标准差冲击时，从第 2 期及以后的目标产出有明显变化，趋势较稳定。当目标产出变化率产生一个单位的正向标准差之后，对社会融资规模的同比增速的冲击，第 1 期趋势上升，也在第 2 期达到最大，随后趋势较稳定。这说明两个指标之间的变化相互都有正向的冲击，并且影响程度较为稳定，从宏观经济管理的角度看，社会融资规模的增长情况对制定产出目标是重要的参考。

第三节 社会融资规模与潜在产出水平

一、潜在产出的含义

潜在产出，也叫潜在生产能力，一般被定义为在合理的物价水平下（无加速通货膨胀），使用最佳可利用技术、最低成本的投入组合，劳动力和资本达到充分就业的要求时的生产水平，它测度的是资源充分利用时的生产能力；实际产出与潜在产出之间的差额占潜在产出的比率称为产出缺口，它反映了实际产出偏离均衡产出水平的程度。一般来说产出缺口为正，则意味着需求旺盛，但是有一定的通货膨胀压力；产出缺口为负，则意味着总需求小于总供给，通货膨胀压力减轻。

对产出缺口历史数据的估计，可以判断重大事件对宏观经济运行的冲击以及宏观调控政策的时效性；对将来一段时间产出缺口方向和大小的准确判断，可以更有针对性地制定宏观调控措施，调控经济运行，特别是制定中长期的发展规划更是以潜在的经济增长率为基础，才能达到可持续和协调发展。另外潜在产出和通货膨胀在短期内有一定的交替关系，和经济周期的波动也有密切关系，对潜在产出的准确判断，也可为通货膨胀的治理提供一定依据。

无论是潜在产出还是产出缺口，都是不可观测的，只能通过定性或定量的方法进行估计。关于潜在产出的估计，在技术上主要归为两类：一是时域分析法。就是直接分析数据随时间变化的结构特征，生产函数、SVAR（向量自回归）方法都可归类于此方法。郭庆旺、贾俊雪（2004）利用生产函数法估计中国的产出缺口，[①] 赵昕东（2008）利用 SVAR 方法估计了中国的产出缺口。[②] 此类方法的优点在于有经济理论的支持，可以从结构方面解释产出缺口的变化；缺点在于它们都属于相关性分析，基于变量之间的相关系数不变的假设，由于目前财政、货币政策目标的改变，技术进步带来的投入产出之间的相关关系并不稳定，因此会给估计结果带来偏差。二是频域分析法。HP 滤波、BP 滤波等各种滤波方法都属于频域分析，它的基本原理就是把原始信号分解为趋势因素和随机因素，其中趋势因素就是潜在产出部分，随机因素就是产出缺口。王少平和胡进（2009）采用 B-N 分解法对 GDP 进行了趋势分解和随机冲击的效应分析，[③] 刘斌和张怀清（2001）采用状态空间模型的卡尔曼滤波对我国产出缺口进行了估计。[④] 滤波方法的优点是简单有效，多变量的滤波方法也有经济理论的支持，其缺点在于频域分析方法不能很准确地区分出时间序列中某些不稳定、突变和瞬时的特征。社会融资规模作为信用总量的代表，在某种程度上是经济运行的先行指标。分析潜在产出与社会融资规模的关

[①] 郭庆旺、贾俊雪：《中国潜在产出与产出缺口的估算》，载《经济研究》2004 年第 5 期，第 31—39 页。
[②] 赵昕东：《基于菲利普斯曲线的中国产出缺口估计》，载《世界经济》2008 年第 1 期，第 58—65 页。
[③] 王少平、胡进：《中国 GDP 的趋势周期分解与随机冲击的持久效应》，载《经济研究》2009 年第 4 期，第 65—76 页。
[④] 刘斌、张怀清：《我国产出缺口的估计》，载《金融研究》2001 年第 10 期，第 71—79 页。

联性，可以看到生产能力充分的状态下，对资本要素的需求是怎样的，而资本要素又是怎样发挥作用的、指示和引导生产能力的。因此在对社会融资规模与实际产出水平、目标产出的关系进行实证分析后，更进一步刻划经济增长理想状态与社会融资规模的关联性。

二、社会融资规模对潜在产出的影响路径

本部分实证分析首先需要获得潜在产出水平或者产出缺口的数据，由于潜在产出本身并不是本部分的研究重点，研究的关注点在于社会融资规模和潜在产出、产出缺口之间的关联性，所以发挥滤波方法简单有效的特点，在获取潜在产出时采用 HP 滤波方法。将潜在产出水平和产出缺口分别表示为 Y_t 和 Y^*，使用 Eviews 进行趋势项和周期项分离，得到代表潜在产出水平的趋势项。图 5-8 为经过 HP 滤波分离的 2002 年一季度至 2019 年二季度潜在产出水平趋势图。

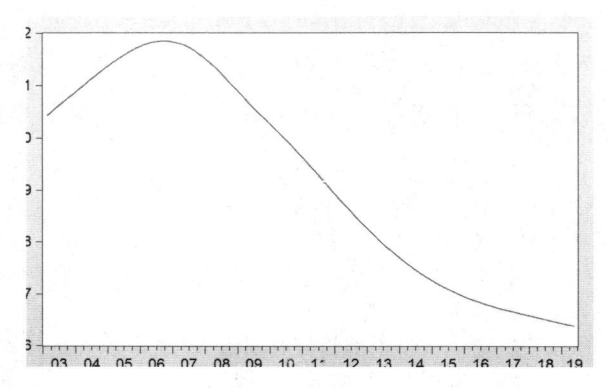

图 5-8　2002 年一季度至 2019 年二季度潜在产出水平

在使用 HP 滤波方法得出潜在产出水平的相关数据后,与之相对应的,选取社会融资规模的季度增长数据进行实证分析。数据范围是 2003 年一季度—2019 年二季度,数据均来自中国人民银行网站,用 SRz 表示。

变量的平稳性检验。采用 ADF 检验方法,对 Y_t 和 SRz 两个时间序列变量进行平稳性检验,检验结果如表 5-9 所示。在 1% 的显著性水平下,两个变量均不存在单位根,原序列是平稳的。

表 5-9　Y_t 与 SR_z 平稳性检验

序列	T 统计量	临界值	P 值	结论	备注
Y_t	−3.639101	−4.115684***	0.0346	平稳	原序列
SR_z	−4.3385999	−3.959148***	0.0050	平稳	原序列

模型最优滞后阶数确定。将两个变量构建 VAR 模型后,进行最优滞后阶数选择。按照 AIC、SC 等准则信息显示和实际情况,最终选择滞后 2 阶为最优滞后阶数。此时模型的特征根小于 1,模型稳定性较好。

脉冲响应函数分析。图 5-9 展示了 Y_t 与 SRz 均产生标准差冲击时,另一个变量的冲击响应。当潜在产出水平 Y_t 产生一个正向的标准差冲击时,SRz 的初始反应为 0,在滞后 2 期时负向冲击达到最大,随后回升,在滞后 6 期达到最大的正向冲击。当 SRz 产生一个正向的标准差冲击时,潜在产出水平 Y_t 在滞后 12 期左右达到负向冲击最大值,在 0.03 个标准差左右,冲击反映持续时间长,从程度上看反映较微弱。

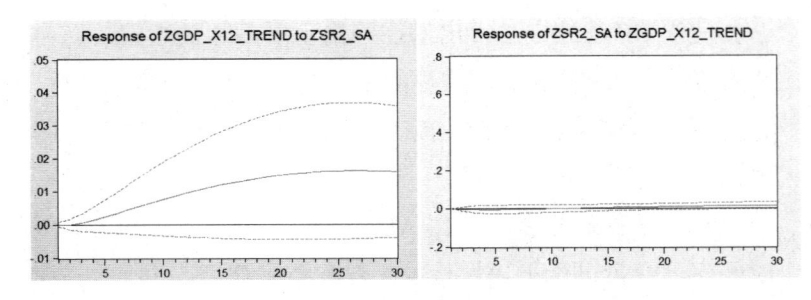

图 5-9　Y_t 与 SRz 的脉冲响应图

根据脉冲响应函数，可以观察到社会融资规模对潜在产出的影响路径。社会融资规模当期投入，从第 4 期开始，对潜在产生水平有较为明显的正向冲击，冲击作用上升至 15 期以后，变得平稳。也就是说，资本持续投入，对于经济系统来说，默认为要素投入的增加。投入持续增加会改善经济系统的其他因素，当影响潜在产出的各因素逐步改善后，整个经济系统被优化，潜在产出水平就会有明显提升。

第六章 社会融资规模风险综合评价与监测

在宏观审慎管理的视角下,社会融资规模不仅有产出效应,同样有风险效应。防止系统性金融风险发生,维护金融稳定,对社会融资规模的风险控制是非常重要的。按照宏观经济管理框架,控制风险首先要对风险进行评估。客观科学地评估评价风险、监测风险,才能制定和采取有效措施应对风险,维护宏观经济的稳定运行。

第一节　社会融资规模风险综合评价的模型选择

一、基本思路

社会融资规模是反映整个金融市场对实体经济的信用支持，它的风险与微观融资行为的风险有明显不同。以社会融资规模中的一笔贷款业务为例，该业务的风险仅仅在于偿债风险，债务人是否可以到期履约，还本付息。而从宏观总量角度看社会融资规模的整体风险，则可能有以下几个侧重点：社会融资总量过快增长会导致经济融资负担较重，如果实体经济的增长过多依靠融资而不是自身积累，金融在实体经济中扮演的角色就会超越原有的服务定位，转而成为外生因素直接影响实体经济发展方向。另外，社会融资规模与其他重要的宏观经济金融指标不相匹配，或者协同度不高，会导致金融系统内部风险集聚。比如，社会融资规模与广义货币供应的"剪刀差"现象，实际上是流动性不足的一种表现，流动性不足更有可能引发系统性的金融危机。同时，如果一个国家社会经济发展中债务融资规模过大，当资产价格泡沫破灭和通货紧缩发生便会蔓延至整个经济系统，引起不稳定。

所以，从宏观审慎监管的角度，对社会融资规模风险评价是多角度、综合性评价过程，这就决定了在评价中通过构建综合性指标体系的方法，更适合社会融资规模的风险评价。

二、因子分析模型

因子分析最早由英国心理学家查尔斯·斯皮尔曼提出，对其学生成绩进行统计分析。[①] 因子分析方法可以同时对多个变量进行分析，利用指标变量的相关系数矩阵，将数量较多的指标体系集进行简化，综合成少数能够反映共同信息的几个综合指标。实际上，因子分析是根据相关度大的原则将变量进行分组，每一组元素反映了变量的一个共性，可以用一个不能观测的综合指标表示，即为公共因子。利用提取的公共因子，对模型的综合评价进行解释。从宏观审慎监管的角度，对社会融资规模风险评价是多角度、综合性评价过程，由多个指标共同决定，这就说明因子分析方法在评价社会融资规模风险中是适合的方法。

---

① 何晓群：《多元统计分析》，中国人民大学出版社2004年版，第120—135页。

第二节 社会融资规模风险综合评价体系构建

社会融资规模风险是一个综合性的评价指标,它与宏观经济和金融中的多个指标关系密切。依据社会融资规模指标设立以来的运行实际,本部分首先构建了社会融资规模风险综合评价指标体系,然后采用因子分析方法测度了社会融资规模的风险综合评价指数。

一、指标体系构建

进行社会融资规模风险综合评价,第一步则是要构建能够全面反映社会融资规模风险的指标体系,选取能够从不同角度充分反映社会融资规模风险的单一指标,遵循规范性、敏感性、可测性、代表性的原则,建立综合评价指标体系。

从宏观审慎和宏观金融运行的角度观察社会融资规模的风险,总量指标是重点。结合第四章中加入统计缺口的信用创造模型和第五章社会融资规模对产出效应的影响机制,本部分选取了以下七个指标:

融资负担率。用社会融资规模存量占GDP的比重表示,可以用来衡量经济总体状况对实体经济未偿还债务的负担程度,该指标越大，说明经济的负债率越重，融资风险越大。

信用扩张度。用社会融资规模存量除以基础货币余额表示，在第四章实证部分使用过此项指标，用来表示社会融资规模的信用扩张程度，该项指标值越大，说明在基础货币的基础上社会融资规模扩张程度越大，风险也就随之增大。

整体流动性。用社会融资规模存量与广义货币供应存量的比值表示，可以解释为每单位的货币供应对应的融资规模。何平（2017）将"M2/社会融资规模"表示单位社会融资规模对应的货币量，他认为该指标越大，流动性越好，风险越小。[①] 为保持指标体系内指标方向的一致性，本部分选用了"M2/社会融资规模"的倒数，从现实意义看，每单位广义货币供应对应的社会融资规模值越大，说明融资带来的整体流动性风险越大。

统计缺口。用不纳入广义货币供应的存款增速表示，利用第四章模型推导的结论，该指标值越大，流出广义货币供应的货币量越大，统计信息的缺失会使得社会融资规模准确性降低，融资风险增大。

不良贷款增速。鉴于以贷款为主的间接融资方式在我国融资体系中的绝对地位，因此用反映信贷风险的指标不良贷款增速作为反映融资风险的重要指标之一，不良贷款增速越快，间接融资方式的风险越大，从而传导至社会融资体系，风险会随之增加。

短期偿债能力。用社会融资规模当年增量除以各项存款当年增量表示，每单位的存款增量对应的融资增量越大，说明短

---

① 何平、刘泽豪、方志玮：《影子银行、流动性与社会融资规模》，载《经济学（季刊）》2017年第4期，第45—72页。

期的偿债压力越大，偿还债务能力越弱，融资风险越大。

长期偿债能力。用社会融资规模存量除以各项存款余额表示，该指标在中长期内对实体经济的偿债能力有更好的解释作用，经济中存款总量对应的社会融资规模总量，该指标越大说明融资的风险越大。

表 6-1 是对社会融资规模风险综合评价体系的七项指标的概述，以及符号和方向表示，七项指标均构建为正向指标，也就是说，七项指标数值越大，均代表社会融资规模的风险越大。

表 6-1　社会融资的风险预警指标体系

指标名称	计算公式	符号	指标方向
融资负担率	社会融资存量 GDP	X_7	正向
信用扩张度	社会融资存量 / 基础货币余额	X_6	正向
整体流动性	社会融资规模余额 /M2	X_3	正向
统计缺口	不纳入广义货币存款的存款增速	X_1	正向
不良贷款	不良贷款增速	X_2	正向
短期偿债能力	社会融资规模增量 / 各项存款余额	X_5	正向
长期偿债能力	社会融资存量 / 各项存款余额	X_4	正向

二、因子分析模型的检验和构建

因子分析模型的基本原理是从各单一指标间的相关关系出发，在保证最少信息丢失的前提下，将众多基础变量综合为几个公共指标，即公共因子。它的核心要义是用数量较少、但是信息全面的独立因子反映基础变量的大部分信息。假设设计了 m 个基础变量，每个变量均值为 0，标准差是 1。现将每个指标

用线性组合来表示，

$$\begin{aligned}
X_1 &= a_{11}f_1 + a_{12}f_2 + \cdots\cdots + a_{1k}f_k + \varepsilon_1 \\
X_2 &= a_{21}f_1 + a_{22}f_2 + \cdots\cdots + a_{2k}f_k + \varepsilon_2 \\
&\cdots\cdots \\
X_m &= a_{m1}f_1 + a_{m2}f_2 + \cdots\cdots + a_{mk}f_k + \varepsilon_m
\end{aligned} \quad (6\text{-}1)$$

表示：$X = AF + \varepsilon$，其中 F 是公因子，A 是载荷矩阵，ε 是特殊因子，是原有变量不能被公因子解释的部分，均值为 0，与回归模型中的残差作用和意义相同。模型运用的步骤是两步：一是检验，包括相关性检验和显著性检验；二是模型运行，包括因子解释总方差、因子分析共同度、得出因子载荷矩阵、得出因子得分系数矩阵，写出因子得分函数，最后计算综合得分。

本部分将因子分析法作为基本的分析工具，按照上述指标建立的情况，首先将七个指标进行标准化处理，以解决量纲不同和变异程度大小不同而造成的影响评价客观性和准确性的问题。标准化工具和方法是 SPSS22 中的 Zcroe 方法。原始变量数据处理完毕后，进行建立因子分析模型的必要检验。

一是 KMO 检验和 Bartlett 检验，其中 KMO 是用于判断变量间相关性的检验，它的统计量取值在 0 和 1 之间，Bartlett 检验是判断相关系数是否显著。在多元统计因子分析中，KMO 统计量的判断标准为：大于 0.9 非常适合因子分析，0.7~0.9 比较适合，0.5~0.7 适合；小于 0.5 则要放弃。Bartlett 检验的原假设是在 a 为 0.05 的显著性水平下，相关系数矩阵是单位矩阵，通过观察被检验变量的显著性，得出接受或者拒绝原假设的结论。

表 6-2　KMO 和 Bartlett 的检验

Kaiser-Meyer-Olkin（KOM）	测量取样适当性	0.619
Bartlett 的球形检验	近似卡方	457.136
	df	21
	显著性	0.000

表 6-2 为社会融资规模风险监测指标体系的 KMO 和 Bartlett 检验结果。KMO 统计量值为 0.619，按照度量标准通过了检验，Bartlett 球形检验的卡方值为 457.136，在显著性水平 a 为 0.05 接受原假设的概率为 0.000。因此，社会融资的风险监测指标体系的相关系数矩阵不是单位矩阵，适合进行因子分析。

二是提取各变量的公共因子。表 6-3 显示了对各变量提取公因子的情况，特征值是因子对方差贡献率的反映，特征值越大，方差贡献率越大。按照特征值取值大于 1 的有效提取原则，表 6-3 中可以提取出 3 个公因子，其中第一个公因子的方差贡献率为 56.447%，第二个公因子贡献率 16.881%，第三个公因子的方差贡献率为 14.981%，前三个公因子对方差累计贡献率为 88.309%，经过旋转三个公因子的累计贡献率没有变化。因此，前三个公因子足够对社会融资的风险进行描述。

表 6-3　因子解释原有变量总方差情况表

	特征值	贡献度（%）	累计贡献度（%）	特征值	贡献度（%）	累计贡献度（%）	特征值	贡献度（%）	累计贡献度（%）
1	3.951	56.447	56.447	3.951	56.447	56.447	3.951	56.447	56.447
2	1.182	16.881	73.329	1.182	16.881	73.329	1.182	16.881	73.329
3	1.049	14.981	88.309	1.049	14.981	88.309	1.049	14.981	88.309

续 表

	特征值	贡献度（%）	累计贡献度（%）	特征值	贡献度（%）	累计贡献度（%）	特征值	贡献度（%）	累计贡献度（%）
4	0.475	6.782	95.092	—	—	—	—	—	—
5	0.307	4.383	99.474	—	—	—	—	—	—
6	0.034	0.484	99.958	—	—	—	—	—	—
7	0.003	0.042	100.000	—	—	—	—	—	—

表 6-4　因子分析的共同度

	初始	提取
X_1	1.000	0.980
X_2	1.000	0.760
X_3	1.000	0.976
X_4	1.000	0.984
X_5	1.000	0.730
X_6	1.000	0.924
X_7	1.000	0.827

三是判断因子分析的共同度。因子分析的共同度表示每个变量的原始信息中能被公因子表示的程度。如表 6-4 显示，提取三个公因子之后，七个变量能被公因子表示的共同度为第二列数据。变量 X_4 被公因子表示的程度为 98.4%，为所有变量中最高；变量 X_5 被表示程度最低，为 73%，七个变量能被公因子解释的程度都比较高，说明与公因子之间的相关性较强，公因子提取效果理想。

表 6-5 因子载荷矩阵

	元件		
	1	2	3
X_1	−0.069	0.171	0.973
X_2	0.615	−0.591	0.180
X_3	0.970	0.187	−0.010
X_4	0.979	0.159	−0.006
X_5	0.808	0.225	0.160
X_6	0.916	0.211	−0.200
X_7	−0.418	0.805	−0.063

表 6-6 旋转后的因子载荷矩阵

变量	系数		
	1	2	3
X_1	−0.022	−0.025	0.989
X_2	0.334	0.803	0.060
X_3	0.967	0.203	−0.019
X_4	0.964	0.233	−0.019
X_5	0.828	0.133	0.162
X_6	0.931	0.130	−0.200
X_7	−0.072	−0.903	0.081

四是得出因子载荷矩阵。在逐步通过因子分析模型的检验后，得出了各变量的因子载荷矩阵和利用方差最大法旋转以后的旋转因子载荷矩阵，这是因子分析的最后一步。将三个公因子分别表示为 f_1, f_2, f_3，据此可以写出社会融资风险监测的因子

分析模型：

$$\text{统计缺口} = -0.022f_1 - 0.025f_2 + 0.989f_3 \quad (6\text{-}2)$$

$$\text{不良贷款} = 0.334f_1 + 0.803f_2 + 0.060f_3 \quad (6\text{-}3)$$

$$\text{整体流动性} = 0.967f_1 + 0.203f_2 - 0.019f_3 \quad (6\text{-}4)$$

$$\text{长期偿债能力} = 0.964f_1 + 0.233f_2 - 0.019f_3 \quad (6\text{-}5)$$

$$\text{短期偿债能力} = 0.828f_1 + 0.133f_2 + 0.162f_3 \quad (6\text{-}6)$$

$$\text{信用扩张速度} = 0.931f_1 + 0.130f_2 - 0.2f_3 \quad (6\text{-}7)$$

$$\text{融资负担率} = -0.072f_1 - 0.903f_2 + 0.081f_3 \quad (6\text{-}8)$$

观察上述因子分析模型发现，公因子f_1对整体流动性、长期偿债能力以及信用扩张度的解释力度较强，因子载荷都达到了0.9以上；从指标构成以及现实意义来看，公因子f_1综合了广义流动性、狭义流动性和信用扩张程度的信息，是代表社会融资规模与整体流动性协同程度的因子。公因子f_2对融资负担率解释能力最强，因子载荷在0.9以上；从现实意义看，公因子f_2更多地反映了融资规模与宏观经济的匹配程度。公因子f_3对统计缺口的解释能力最强，因子载荷达到0.989；从实践意义看，该公因子更多反映了统计信息缺失在形成风险方面有一定影响。

第三节 社会融资规模风险综合评价

一、因子分析结果评价

最后，利用表 6-7 因子得分系数矩阵，写出三个公因子得分函数。

表 6-7 因子得分系数矩阵

系数 变量	1	2	3
X_1	−0.017	0.144	0.928
X_2	0.156	−0.500	0.172
X_3	0.246	0.158	−0.010
X_4	0.248	0.134	−0.006
X_5	0.205	0.191	0.153
X_6	0.232	0.178	−0.191
X_7	−0.106	0.681	−0.060

由于三个公因子对各变量的解释度都较高，而且是从不同侧面反映了社会融资规模的风险程度，因此为对社会融资规模的风险作出综合全面的评估，将三个因子得分函数以方差贡献率作为权数，计算出社会融资规模风险的综合统计量。

$$F_1 = -0.017X_1 + 0.156X_2 + 0.246X_3 + 0.248X_4 \\ + 0.205X_5 + 0.232X_6 - 0.106X_7 \quad (6\text{-}9)$$

$$F_2 = 0.144X_1 - 0.5X_2 + 0.158X_3 + 0.134X_4 \\ + 0.191X_5 + 0.178X_6 + 0.681X_7 \quad (6\text{-}10)$$

$$F_3 = 0.928X_1 + 172X_2 - 0.010X_3 - 0.006X_4 \\ + 0.153X_5 - 0.191X_6 - 0.06X_7 \quad (6\text{-}11)$$

三个公因子的权数分别对应 λ_1，λ_2，λ_3，综合统计量用 F 表示：

$$F = \frac{\lambda_1}{\lambda_1 + \lambda_2 + \lambda_3}F_1 + \frac{\lambda_2}{\lambda_1 + \lambda_2 + \lambda_3}F_2 + \frac{\lambda_3}{\lambda_1 + \lambda_2 + \lambda_3}F_3 \quad (6\text{-}12)$$

$\lambda_1 = 0.56447$，$\lambda_2 = 0.16881$，$\lambda_3 = 0.14981$

根据综合得分的计算公式，对社会融资规模风险各公因子得分和综合得分别进行计算，用图形描述如下：

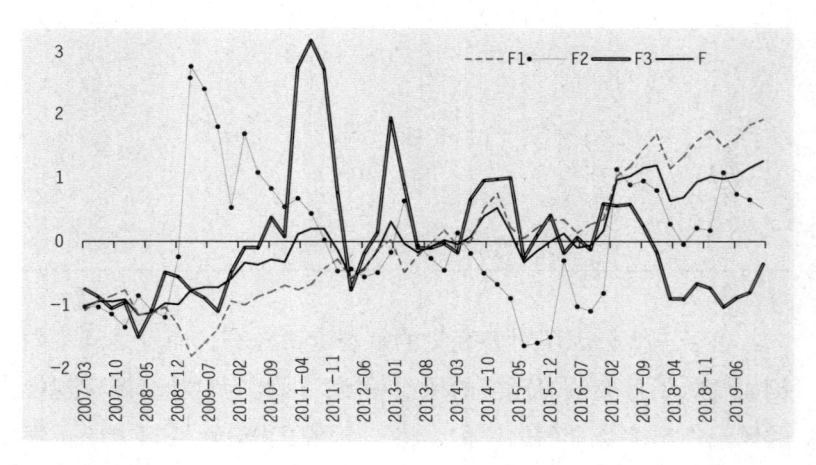

图 6-1　社会融资规模风险评价综合得分（2007Q1—2019Q3）

观察社会融资规模风险综合评价得分以及三个公因子得分情况可以发现，社会融资风险综合得分在统计期内呈现上升趋势。在 2016 年二季度以前风险综合得分围绕零线上下波动，表现为震荡上升的趋势；在 2016 年二季度之后，风险综合得分急剧升高，形成了 2017 年第四季度的风险综合得分高点，短暂的风险高位缓释并没有彻底改变融资整体风险上行的趋势，2018 年下半年以后风险得分继续上行。

2017 年 12 月的中央经济工作会议提出：当前要打好防范和化解重大风险攻坚战，重点是防控金融风险，促进金融和实体经济、金融和房地产、金融体系内部的良性循环。这是中央首次提出防范和化解重大风险，并且金融风险是重点，根据本部分建立的风险评价模型得分结果看，2017 年下半年，宏观审慎监管视角下社会融资规模风险综合评价得分最高，这意味着本部分的评价结果与监管实际非常吻合，该综合指标体系的实践操作和适用性较强。

具体地，不同时期各公因子对风险综合评价得分的影响程度不同，这也客观反映了不同政策、不同因素随着宏观经济形势的演变，在不同时期发挥了不同的作用、产生了不同的影响。一是代表社会融资规模与整体流动性协同程度的公因子 f_1，在 2013 年二季度之后对社会融资规模风险综合评价有一定的先行指示作用，这说明与整体流动性的协同程度是宏观审慎监管框架下，社会融资规模风险的重要构成，协同程度越高，风险越小。二是代表与宏观经济匹配程度的公因子 f_2 在 2012 年二季度之后明显低于综合风险水平，特别是在 2018 年二季度之后，与综合风险得分的走势相反，这说明宏观审慎监管下，逆周期调节开始发力，并且逆周期给宏观金融带来的风险影响是较小的。三是代表信息缺失的统计缺口公因子 f_3 在 2017 年之后，对社会融资规模风险的影响较小，与前期统计缺口信息对社会融资风险的较大影响有了明显改善。从金融运行和金融监管形势看，2017年以来的金融监管从严从紧；从监管操作上看，银监会发布一系列监管文件整治"三套利、三违反、四不当"，资管新规发布，银监、证监纷纷开出"史上最大罚单"；从顶层设计看，党的十九大、2017年全国金融工作会以及中央经济工作会议，频频将金融服务实体经济、防控金融风险、守住不发生系统性金融风险的底线"划为重点"，金融监管体制改革获得实质性进展。最严金融监管年使得表外资金、不规范操作资金纷纷回流至监管框架之内，对信息缺口起到了较大的弥补效应和统计归属的规范效应。因此强监管大幅降低了统计缺口带来的风险，使得统计信息缺失对社会融资规模风险影响降至了较低水平。

二、人工神经网络的验证和评价

本章第二节构建的社会融资规模评价指标体系从现实意义看比较吻合，为了进一步检验其泛化性和有效性，需要对社会融资规模指标体系及其风险综合得分进一步评价验证。人工神经网络的实现主要依靠机器算法，通过网络自身学习某种规则进行反复训练，直至网络全局误差最小，即完成学习过程。[①]多层感知器（MLP）的机器学习算法是人工反向传播误差算法，通用度和准确度较高，在信用评价方面应用广泛。[②]利用软件SPSS22，将设置的代表社会融资规模风险程度指标X_1-X_7作为

[①] 庞素琳、王燕鸣：《多层感知器信用评价模型研究》，载《中山大学学报（自然科学版）》2003第042（004）期，第118—122页。
[②] 杜金富等：《货币与金融统计学（第三版）》，中国金融出版社2013年版。

协变量，综合得分指数作为因变量，进行仿真模拟，最终实现结果如下：

表 6-8 观察值处理

样本		N	百分比（%）
样本	训练	33	63.5
	测试	15	28.8
	保留	4	7.7
有效		52	100.0
已排除		0	
总计		52	

根据反复测试调整，如表 6-8 所示，最后选择参与训练的样本占 63.5%，用于测试的样本占 28.8%，全部样本有效。表 6-9 的训练结果显示，无论是训练集、测试集还是支持集，相对错误率均非常低，为 0.1%。

表 6-9 模型摘要

训练	平方和错误	0.017
	相对错误	0.001
	已使用中止规则	连续步骤
测试	平方和错误	0.009
	相对错误	0.001
支持	相对错误	.001

最后，结合因子分析的综合得分以及人工神经网络图进行仿真预测，得到图 6-2 综合风险系数和仿真结果对比图。

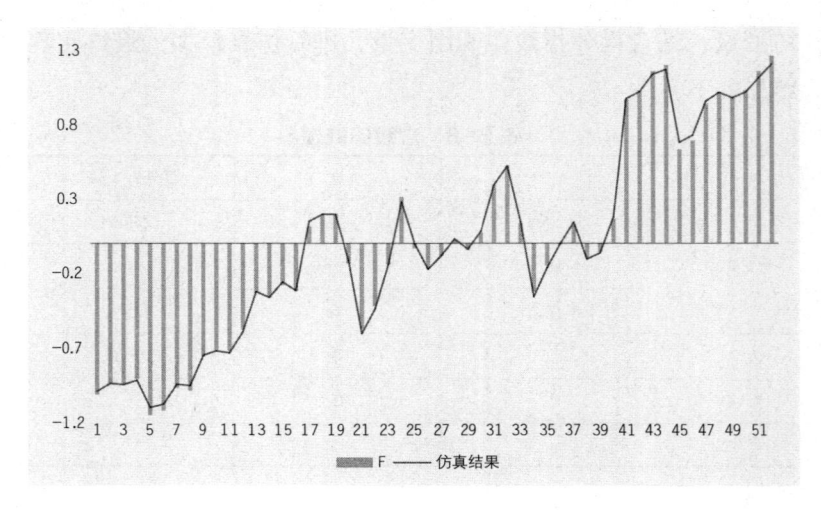

图 6-2　因子分析综合得分与神经网络仿真结果对比

观察图 6-2 可知，两种风险评价方法的结果高度一致。高点和低点出现的时间一致，每个时间的综合得分相差非常小，可以说明选定的反映社会融资规模风险的指标代表性较好，提取的公共因子代表性强，可以作为评价和监测风险的指标。当对代表融资负担率、整体流动性、偿债能力、统计缺口和不良贷款情况的指标有质量较高的预测数据时，整个社会融资规模的综合风险便可用人工神经网络算法实现，指标体系的预测预警功能可进一步发挥。

第四节　社会融资规模风险监测

对社会融资规模风险的综合评价是非常重要的,因为它代表着对整个金融信用创造的监测,这是宏观审慎监管下维护金融系统稳定、做好逆周期调节、全面调节金融与实体经济关系的重要环节。通过加入统计缺口信息、加入产出效应信息以及流动性信息构建的风险评价指标体系,本书得出的综合风险评价与宏观审慎监管的思路较为吻合,利用人工神经网络算法也得到了较好验证。最终,评价风险是为了更好地预测风险、防范风险,这是宏观审慎监管的重要目标。

一是监测社会融资规模创造的整体流动性。通过本章第三节部分公共因子提取的信息,代表整体流动性的公共因子对社会融资规模综合风险评价的影响较大。从现实意义理解,社会融资规模形成后,若形成的资产流动性较差,那么变现的成本和时效性都会增加,风险性相应提高。以固定资产投资为例,固定资产投资建设过程中,需要大量的资金投入,但是固定资产本身的流动性和变现能力较差,一旦建设过程中的重要环节出现问题,整个固定资产投资不仅将面临较大风险,其融资环节产生的债务危机会更加严重。所以,流动性与风险是呈现反向关系的,流动性越强、风险越小;反之流动性越弱,风险越大。监测社会融资规模与广义货币供应、与各项存款、与信用创造之间的关系走势，掌握社会融资规模整体流动性的情况，对于掌握社会融资规模形成的整体风险十分关键。

二是监测经济增长与不良贷款情况。通过对本章第三节部分公共因子提取的信息，与 GDP 增长的匹配程度、不良贷款的增长情况对社会融资风险评价影响同样较大。从现实意义看，一方面，经济对信贷负担程度仍是风险大小的评判标准，只有经济、特别是实体经济保持一定程度的增长水平，才能负担融资产生的成本，才能保证资金正常循环至按时偿还本金。另一方面，不良贷款的增长对整个社会融资规模的风险有预警作用，主要原因在于：不良贷款主要是指银行业金融机构发放的贷款无法偿还，在争取商业银行贷款时，相当一部分有抵押、风险敞口小和规模较大、信用良好的经营主体才能获得贷款，也就是说本身就是经济中的优质主体才有较大可能从商业银行获取贷款。不良贷款的产生是经过一系列处置手段后，确实无法解决的呆账坏账才能列入不良贷款，比如无还本续贷政策、纳入关注类贷款缓冲进行观察、处置抵押品等，因此纳入不良贷款统计的规模是已确认的无法解决的呆账坏账，这一部分贷款规模的增加和减少真实代表实体经济的融资负担水平。还有，由于不良贷款记录的产生后严格记入征信系统，对于经济主体开展一系列经济活动会造成严重限制，一般情况，可能通过调头贷款、民间借贷等资金融通方式解决贷款偿还困难的都会避免不良贷款记录的产生。从经营主体主观方面判断，不良贷款的产生确是经济面临困难较大，较难缓解。

三是监测统计缺口信息。通过本章第二节部分的公共因子提取，反映统计缺口信息的公共因子被提取出来，这在一定程度上反映了管理中的统计缺失是会产生风险的，这种风险的本质与不良贷款、整体流动性等不同，它主要是由于真实的信用创造信息不被掌握，而造成的对风险的忽视。因此，宏观审慎监管框架和制度的不完善会产生监管漏洞，形成风险。

四是综合运用指标体系进行科学预测预警。因子分析方法提取了有共同信息的公共因子，这对日常的风险监测有重要意义，而人工神经网络方法起到验证作用的同时，有进一步预测的功能。根据每年年初政府制定的 GDP 目标增速、社会融资规模预期增速，金融监管部门对不良贷款、各项存款增长的科学预测，可以有效实现对社会融资规模综合风险的预测。当风险水平预测较高时，表明金融风险集聚程度较高，及时采取有效措施予以化解和防范，可在很大程度上实现宏观审慎的各项监管目标。

第七章 宏观审慎框架下优化社会融资规模管理的对策

通过对社会融资规模运行情况、波动协同性和信用创造机制、产出机制进行研究，以及对社会融资规模风险进行综合评价，本书发现基于宏观审慎管理的需要，对社会融资规模进行优化管理是十分必要的，优化现行社会融资规模管理可以更好地发挥该统计制度为宏观审慎监管的服务职能。基于前六章研究的结论和相关因素的重要程度，本章从加快调整和完善社会融资规模统计口径、高效推进金融业综合统计、明晰社会融资规模定位、更加注重风险监管和持续深化金融体制改革等方面提出建议。

第一节　加快调整和完善社会融资规模统计口径

一、拓展和补充现有社会融资规模统计口径

加快调整和完善社会融资规模统计口径，保证社会融资规模统计数据准确性、统计信息完整性是在宏观审慎监管中发挥金融统计基础作用的重要保证。社会融资规模指标自2011年公布以来，就处于相对完善和改进统计口径的过程，2015年以后，为使债务对宏观经济及金融稳定的影响评估效果更好，BIS（国际清算银行）完善信用总量统计，将广义的政府债券加入信用总量当中，与此同时IMF（国际货币基金组织）也建议，信用总量中包括中央和地方政府的融资债券是合理的。[①] 完善社会融资规模的统计内容，借鉴国际组织对信用总量的扩充调整是重要的，关注中国实践同样重要。加入实体经济的境外融资部分，如境内企业股票的境外发行金额、其他各种渠道回流的离岸人民币[②]，加入私募基金、民间融资、互联网金融的融

---

① 阮健弘：《社会融资规模统计口径完善专家认为可更好反映货币政策与财政政策联动发挥逆周期调节效果》，http://www.financialnews.com.cn/gc/gz/202001/t20200122_175684.html,2020-01-22。
② 罗克关：《社会融资规模还能准确度量社会信用吗？》，载《证券时报》2017年7月24日第A02版。

资金额，如支付宝、京东等互联网金融中的借款部分，同时对原有不完整的社会融资规模的结构性数据进行统计并予以公布，如 2007 年之前缺失的月度存量数据等。一方面拓展社会融资规模的统计口径，遵循"应纳尽纳"原则，将合理、可统计的融资数据尽可能纳入社会融资规模统计；另一方面，追溯 2002 年社会融资规模统计数据公布以来，结构性数据中缺失和不完整的部分，予以补充完善。只有拓展和补充两条主线，不断更新社会融资规模数据，提高数据的准确性和完整性，才能提升社会融资规模的使用效率。

二、创新性构建社会融资规模的资金使用统计口径

现行社会融资规模统计制度是供给端独大的统计格局，对于需求数据统计是整体缺失的。宏观审慎监管职能中重要的一项便是防止金融对实体经济的溢出效应。为充分发挥社会融资规模的功能，提升社会融资规模统计在服务实体经济、强化宏观审慎管理、服务宏观调控中的先行军作用，应尽快构建社会融资规模资金使用统计口径。在借鉴已有较为成熟的信贷统计标准基础上，[①] 对社会融资规模资金使用按照主体、行业、期限等重要维度进行划分统计，在统计频度上可以按照月度、季度进行划分。在主体维度上可以按照居民住户、企业、政府机关团体划分，在企业维度上可以划分为大中小微型企业，在行业维度上划分可以按照农林牧渔、制造业、交通运输、批发零售等国民经济分类标准进行设计。社会融资规模资金投向有着丰

---

① 阮健弘：《金融统计标准及诠释》，中国金融出版社 2012 年版。

富的信息值得挖掘,通过设立资金投向统计口径,可以改善现有社会融资规模统计制度供给端独大的局面,形成供给需求统计的平衡,使金融统计指标更好地从微观层面反映金融对实体经济的支持。

三、补足社会融资规模关联性指标统计口径短板

广义货币供应与社会融资规模被称为"硬币正反面",目前两个重要宏观统计指标都存在统计缺口信息,本书第四章的模型推导结论显示,货币供应的统计缺口作为硬币的一面,对于硬币另一面的社会融资规模的信用创造是有显著影响的。在拓展和补充社会融资规模统计口径的同时,对广义货币供应统计口径的补充和拓展也十分必要。周小川(2011)提出金融市场的业务品种一旦发生变化,过去的统计口径覆盖面就会出现问题。[1] 2011年,将非存款类金融机构在存款类金融机构的存款和住房公积金存款纳入广义货币供应统计后,[2] 我国的货币供应统计口径就没有进行过调整,这与日益加深的经济全球化进程、本外币流入流出频率加快、互联网支付手段升级和金融不断市场化的经济金融运行现实不相符。改进货币供应的统计口径,关注外汇存款、人民币境外流通部分、电子货币预付类存款等,并建议根据流动性变化编制 M3 进行更大范围的货币供应量统计。

---

[1] 周小川:《建立符合国情的金融宏观调控体系》,载《中国金融》2011年第13期,第9—13页。
[2] 中国人民银行:《2011年10月金融统计数据报告》,http://www.pbc.gov.cn/goutongjiaoliu/113456/113469/2856165/index.html,2011-12-14。

第二节　高效推进金融业综合统计实施

　　实施金融业综合统计支撑宏观审慎监管的数据保障。以完善社会融资规模指标统计为重要内容，主动适应宏观审慎管理目标的需要，推动金融业统计从各个专业部门统计向标准化、统一化综合统计转变，发挥金融管理部门的职能职责，加强部门间沟通协作形成合力，推动综合统计工作向更深入推进。

一、建立健全金融业标准化统计制度

　　金融业综合统计的实施并非简单地汇总各金融监管部门统计数据，其中较为关键的是提供金融数据使用和共享的各部门在金融统计制度和统计标准制定过程中，在统计分类标准设计、统计标准及相关编码、数据元和计值方面的基本定义和要素保持一致、形成统一，并且共同推进标准实施。如目前侧重宏观审慎监管的人民银行与侧重微观审慎监管的银保监会，在中小微企业贷款统计中，对微型企业的统计标准便不一致。人民银行使用的小微企业口径不包含个体工商户，而银保监部门的小微企业信贷统计数据便是包含个体工商户的贷款，非统一标准的统计数据在使用时会出现数据打架，数据准确性降低。因此，尝试以社会融资规模统计作为金融业综合统计实施的先行军和

重点内容，从制度保障抓起，建立健全金融业综合统计的基础制度，形成整个行业综合统计的重要支撑。

二、重点搭建金融业综合统计信息平台

在第三章的社会融资规模结构性趋势分析中，已发现区域性社会融资规模统计数据的质量存在瑕疵，主要是由于现行的数据统计方式不够科学造成的。如：各基层人民银行目前是手工报表录入的方式采集小额贷款公司的统计数据。再如：目前社会融资规模中部分结构性数据是由人民银行总行通过反馈至各省级人行部门，而不是科学的按照数据发生时的业务归属地进行采集。这些问题的解决都要依赖共享信息平台的搭建，通过自下而上的信息采集、汇总和上报；通过自上而下的数据校验和政策标准的调整，推进以社会融资规模为代表的统计需求在不同金融机构间、不同监管部门间、不同区域和不同监管层级间准确有效共享。通过金融统计制度标准化的有效实施，以金融机构数据元为采集依据，按照交易对手和业务性质对金融机构的基础数据进行直接采集，通过网络化、信息化的数据平台实现数据的"大集中"，形成覆盖银行、证券、保险甚至整个金融业的"大数据"库，实现金融统计数据"一次采集、多方共享"，顺应大数据发展的时代要求。有了数据的"大集中"，社会融资规模统计体系建设也将更加完善，系统平台的支持会使得宏观审慎监管的数据基础更牢固。

第三节　探索运用大数据的关联性监测方法

随着金融自由化浪潮的兴起，目前世界范围内金融市场的融合深度和融合广度前所未有。金融机构之间、金融产品之间，甚至到不同国别之间，金融活动高度关联，大数据理念和迅速发展的技术手段为从高度关联的金融活动寻找规律提供了有效手段，使得从宏观金融系统内提取重要信息成为可能。另外，在我国除金融监管外，审计监督也对宏观审慎监管的相关风险识别也起到了至关重要的作用，因此，本部分对金融系统内部和外部监督的数据关联提出建议。

一、强化金融系统内部的大数据关联

信息技术和大数据算法的迅猛发展为监测金融体系联系性提供了更为有效的工具，各国金融监管部门相继运用大数据技术完善金融体系关联性监测框架。IMF 和 FSB 在 2009 年提出了宏观审慎管理面临数据缺口，并提供给 G20 峰会的报告中提出了二十条措施建议。美国财政部、美联储以及联邦存款保险公司等监管部门和美国国内主要的大型金融机构都参与了金融业务本体系统的开发。德国央行利用大额信用登记数据库监测银行机构间融资与投资的关联,欧央行建立逐笔信用统计,监测金融机构间的内部关联。[①]借鉴金融市场发达国家和地区经验,结合我国金融事权在中央的体制特征,加快推进国家金融基础数据库的顶层设计和规划。加强金融监管部门的工作合作与协调,发挥各自的监管特长和优势,为大数据宏观审慎监管的基础数据库和数据监测中心建设提供好支持。加强金融数据治理,为实现高质量金融数据的互联互通和深度使用奠定基础。

二、运用跨行业的数据关联监测方法

宏观审慎监管目前关注的重点仍然在金融体系内部,而由于金融行业的特殊性和重要性,金融系统数据和运行的变动对投资、消费、进出口等宏观经济的各方面都有影响。同时作为国家监管的重要部门,审计部门的外部审计对于识别和防范系统性金融风险也在一定程度上起到积极作用。因此,运用跨行业的大数据关联方法,通过将金融业综合统计平台与电子政务平台、与国家统计监测的相关平台相关联,运用审计与统计相结合的业务思路,加强数据关联性分析,[②]通过运用社会融资规模与相关电子数据的审计结果发现金融系统的潜在风险,都是在大数据背景下,提升金融统计数据对宏观审慎管理贡献度的重要途径。

[①] 阮健弘:《金融体系关联性统计的大数据方法》,载《中国金融》2020年第2期,第15—16页。
[②] 程铖、李睿:《电子数据审计取证模式研究》,载《审计研究》2016年第5期,第8—13页。

第四节　构建以社会融资规模为核心的宏观审慎管理协调机制

为弥补国内的信用总量统计缺口而建立的社会融资规模统计制度，是我国构建宏观审慎监管框架的先行制度。从2019年12月起，国债和地方政府一般债券均纳入社会融资规模统计，增加为"政府债券"指标合并统计。从信用总量统计看，不管是中央政府还是地方政府债务，筹集的资金都是用于支持实体经济建设，信用总量统计数据更加全面完整。但是从指标的指示作用看，社会融资规模既能反映货币政策，也能反映财政政策，更是宏观审慎管理的重要指标。客观看，社会融资规模统计制度已经具有反映三大主要宏观经济管理政策的信用优势。

那么，以社会融资规模为核心和桥梁，抓好以货币政策和财政政策为主的宏观调控，通过关注社会融资规模作为要素投入对宏观经济的影响，一方面防止金融对实体经济的溢出效应，另一方面合理开展逆周期调节，构建完整科学的社会融资规模风险评价体系，做好系统性风险的监测和防控。更长远地，从财政政策和货币政策的配合、协调以及替代角度，运用好社会融资规模开展相关评价和研究，提升宏观经济管理的效率和水平。

第八章 结论与展望

第一节 研究结论

伴随着全球经济复苏形势不明朗，贸易摩擦升级、金融市场波动、债务负担加重都成为全球经济运行的潜在风险。就我国而言，经济增长仍未走进新周期，外部冲击和内部结构大调整致使国内宏观经济形势下行压力日益增大，财政政策转向积极，货币政策更关注由"宽货币"向"宽信用"转化，防范和化解重大金融风险以及防止处置风险带来的风险都将成为金融监管的重要关注方向。因此，从宏观审慎监管视角下，本书对社会融资规模的形成机制、产出效应和风险监测开展研究，在研究过程中得到以下研究结论：

1. 社会融资规模运行具有明显的周期性和波动性，并且与代表性的经济金融指标有较强的协同性。 从中长期看，社会融资规模存量仍以间接融资为主，但直接融资存量占比逐年上升，直接融资增长趋势更明显；社会融资规模对国民生产总值的增长有带动或者引领作用，2015年之后这种作用有所减弱。社会融资规模增量分阶段突破，从2009年以前的万亿增量水平到2015年的3万亿增量水平，再到2018年的4万亿增量水平，增量规模不断上台阶。同时，社会融资规模形成的信用创造方式和路径发生变化，传统信贷的信用创造贡献有所减弱。从区域社会融资规模看，一方面，大多数年份全国省（市、区）区域数据汇总小于全国总数，并且与地区 GDP 汇总和全国总数的误差率相比，普遍大于 GDP 误差率，这说明在统计数据质量方面仍有待改进；另一方面，社会融资规模增量集中在实体经济规模大、质量优、效率高的发达地区以及第三产业发展水平高的区域。通过与有关经济金融变量波动的协同性进行测度，长期看，社会融资规模与广义货币供应、狭义货币供应还有存款总量的波动协同性。2015 年之后都出现显著的正负转换，关系越发复杂；与货币乘数的协同性 2015 年之后稳定集中在 0.25~0.5 之间。短期看，社会融资规模与投资需求、价格因素的动态关联性仍然较强，而对贷款的依赖性逐步减弱。

2. 统计缺口因素对社会融资规模的信用创造效应有显著影响。通过静态路径模拟社会融资形成的信用创造，结论是：社会融资规模可以创造新的信用总量，但是对信用货币总量的影响是不确定的。在加入货币统计缺口因素后进行模型推导得到：法定存款准备金率在任何情况下对社会融资规模的信用创造乘数都有作用，法定存款准备率越大，信用创造效应越小。信贷投放在社会融资规模的信用创造中影响仍然较大，投放规模越大，信用扩张效应越大。对于流入货币统计缺口的资金比例越大，社会融资规模的信用扩张作用越小；与不加入货币统计缺口的情况相比，现金在金融市场中的占比对信用扩张的作用变得不再明朗。在考虑流入货币统计缺口的资金重新流入社会融资的投放资金后，情况更加复杂。除法定存款准备金和流入货币统计缺口的资金比例对社会融资规模的信用创造效应方向不变外，用于贷款投放的资金比例以及货币中的现金比率对社会融资规模的信用创造效应影响，主要受约束于流出广义货币供应量统计的资金比率与法定存款准备金率的大小。当法定存款准备金小时,进入金融市场的资金比例越大,对信用创造效应的正向作用越大;当法定存款准备金大时,反而进入金融市场的资金和用于贷款投放的资金越少,信用扩张效应越小。在经过实证检验后,前一期社会融资规模的信用创造乘数 1 单位变动可以引起当期乘数同方向 0.43 个单位的变动;前一期法定存款准备率 1 单位变动,可以引起当期乘数 0.28 个单位的反方向变动,这两个因素影响程度较大。另外,超额存款准备、贷款占比、现金占比以及未纳入货币统计的广义存款对社会融资规模的信用扩张效应都有不同程度的影响,这与理论模型的推导结果是一致的。法定存款准备金率的影响大于超额存款准备金率的变动,经过社会融资规模循环后流出广义货币统计范围的存款与信用扩张效应也是反比例变动关系,这从货币运行的角度看也是合理的。

3. 实际产出水平受社会融资规模的影响具有高低机制转换特征,目标产出和潜在产出受社会融资规模冲击也有一定响应。
首先,运用平滑转换自回归模型,以社会融资规模作为门限变量,加入财政投入为控制变量,找到一个阈值,在低于阈值和高于阈值的范围内社会融资规模对实际产出水平的作用机制在线性和非线性、低机制和高机制之间转换。其次,社会融资规模的增长情况对政府制定目标产出有较为稳定的冲击路径和效果,从宏观经济管理的角度看这是非常有意义的。最后,社会融资规模对潜在产出水平的冲击在滞后 10—15 期内上升到最高点,并且产生持续的较稳定的冲击,这说明融资情况的持续改善对潜在产出能力提升是有帮助的。宏观审慎监管高度关注逆周期调节,以及防止金融对实体经济产生溢出效应,因此,关注社会融资规模增量对产出的门限效应,可以从投入产出的效率改进、风险控制等环节，实现宏观审慎管理的目标。

4. 构建社会融资规模风险监测指标体系进行风险评价，与宏观审慎关注的风险程度较吻合。由融资负担率、信用扩张度、整体流动性、统计缺口、不良贷款增速、短期偿债能力和长期偿债能力组成指标体系，采用因子分析法提取了代表社会融资规模的整体流动性、宏观经济的融资负担能力和监管中统计信息缺失的三个公共因子，并利用人工神经网络算法对因子分析方法的评价效果进行了较好验证。从社会融资规模统计数据形成以来，风险综合得分在统计期内呈现上升趋势，2016年二季度以前风险综合得分围绕零线上下波动，表现为震荡上升，在2016年二季度之后，风险综合得分急剧升高，形成了2017年第四季度的风险综合得分高点，短暂的风险高位缓释并没有彻底改变融资整体风险上行的趋势，2018年下半年以后风险得分继续上行。2017年之后，代表社会融资规模整体流动的公共因子得分具有明显的引领趋势，这说明新常态下监管社会融资规模整体流动性对于监测和防范社会融资规模整体风险非常关键。

第二节 研究展望

本书在基于宏观审慎管理对社会融资规模的形成机制和风险评价监测开展了创新性研究，并在理论模型方面进行了改进推导，提出了一些学术性的观点，但是受研究基础和认知水平的影响，可能还存在以下不足之处：一是由于社会融资规模的存量数据在2015年之前只公布了年度数据，受此限制，在文中使用到2015年之前社会融资规模存量季度、月度数据时，用公布的增量数据和存量数据作了运算，精准程度还不够高。二是在加入统计信息缺口的模型推导后，由于社会融资规模统计缺口数据很难获得，因此实证检验中，仅利用了已有的货币统计缺口数据进行了实证检验。

同时，对于社会融资规模的相关问题未来存在哪些研究空间，本书也作了思考。

一是拓展社会融资的统计口径后对其开展新一轮运行情况、协同性和信用创造的实证研究可能会有新的发现。社会融资规模作为中国央行创造的全新指标，在衡量社会融资的全面性上还有待改进和拓展。从目前的社会融资规模来看，还没有将互联网金融、产业基金、民间融资、境外融资等部分纳入其中。今后通过探索性研究，对可拓展的融资指标获取数据，逐步加入，进行尝试性研究，为社会融资规模进一步完善提供建设性建议。

二是可以对社会融资规模和广义货币供应的关系作更深入的研究。硬币的两面是货币当局对社会融资规模和货币供应关系的形象比喻，从本书构建模型和实证分析的结果看，从金融机构负债方到资产方的传导，也就是从货币供应到形成社会融资规模、从社会融资规模又循环至货币供应，不是一一对应的资产负债关系，这个机制远比想象的复杂。社会融资规模和货币供应之间的传导机制、相互作用也是很值得研究的内容和方向。

三是在宏观审慎监管、货币政策、财政政策的框架下对社会融资规模开展更深入研究。在本书研究过程中，社会融资规模的统计口径一直在更新拓展，2020年1月，中国央行调查统计部门公布对社会融资规模最新的统计标准，将国债加入了社会融资规模。国债在很大程度上是财政政策的操作工具，代表财政政策的紧缩或者扩张程度，那么社会融资规模就被赋予了宏观审慎监管、货币政策、财政政策等宏观经济管理中重大政策手段的操作职能。利用不断改进和强化的政策职能继续深化研究可能会有新的理论贡献。

四是社会融资规模区域性特征的形成和效应同样具有研究价值。本书主要是在宏观经济管理的层面开展研究，对社会融资规模区域性特征的形成和效应没有作深入研究分析。目前，我国区域发展的地域特色和不平衡性突出，特别是一系列重大区域战略规划的密集出台，为区域社会融资规模的形成机制和效应研究提供了新的视角。与整体形成机制相比，区域的社会融资规模的形成和产出效应差异在哪？产生差异的原因是什么？都非常有价值的研究。以长江经济带和大湾区的区域发展为例，社会融资规模的形成机制和产出效应定有所不同，要能研究清楚这些不同是什么、为什么不同也是从中观层面研究社会融资规模的有益探索。